宁波传统村落田野调查

本系列图书为

2020年度国家出版基金项目

2016年度宁波市文化创新团队项目

宁波市艺术发展基金支持资助

 你们是传统村落保护的志愿者，我也是志愿者，我们共同努力，把中国传统村落保护好，守护中华民族的乡愁。

冯骥才

冯骥才先生会见宁波市国家级传统村落立档调查志愿者

宁波市国家级传统村落立档调查培训班全体成员

宁波传统村落

《宁波传统村落田野调查》编委会

总 顾 问　冯骥才
名誉主任　郁伟年
主　　任　杨 劲　王晓勇
副 主 任　施孝峰　周静书　方飞龙　邵方毅
委　　员　邵 斌　王亦建　刘尚才　张 琳
　　　　　童银舫　鲁永平　戴余金　王伟军
　　　　　陈素君　陈可伟　卢圣贵
主　　编　周静书

宁波传统村落
田野调查
周静书 主编

杨鹏飞 编著

宁波出版社

图书在版编目（CIP）数据

宁波传统村落田野调查. 柿林村 / 杨鹏飞编著. —宁波：宁波出版社，2020.5
ISBN 978-7-5526-3726-7

Ⅰ. ①宁… Ⅱ. ①杨… Ⅲ. ①村落—调查报告—宁波 Ⅳ. ①K925.55

中国版本图书馆CIP数据核字（2019）第269607号

宁波传统村落田野调查·柿林村

杨鹏飞　编著

出版发行	宁波出版社
地　　址	宁波市甬江大道1号宁波书城8号楼6楼
邮　　编	315040
联系电话	0574-87259609
网　　址	http://www.nbcbs.com
策划编辑	袁志坚
责任编辑	陈凌欧
封面设计	马　力
内页排版	马　力
责任校对	叶呈圆
责任印制	陈　钰
印　　刷	宁波白云印刷有限公司
开　　本	787毫米×1092毫米　1/16
印　　张	17.5
字　　数	280千
版　　次	2020年5月第1版
印　　次	2020年5月第1次印刷
标准书号	ISBN 978-7-5526-3726-7
定　　价	90.00元

本书若有倒装缺页影响阅读，请与出版社联系调换，电话：0574-87248279

序

周静书

　　中国传统村落，是中华民族一份宝贵的文化财富，是中华优秀传统文化的重要体现。2012年，在冯骥才先生的倡导下，国务院决定推进传统村落的保护，由住建部等部门负责，评审公布中国传统村落保护名录。2014年，冯骥才先生以文化大家的先知卓见，亲力亲为，领导中国民间文艺家协会启动了中国传统村落立档调查工作。这是一项具有开创性的重大文化工程。宁波市民间文艺家协会积极响应，在2015年做出规划，用三年左右时间，完成宁波市第1至第3批18个国家级传统村落立档调查工作。2016年，我们对参加立档调查的骨干进行了集中培训，恰逢中国传统村落保护（鸣鹤）国际高峰论坛在宁波慈溪举行。冯骥才先生在鸣鹤古镇与参训人员见面，并满腔热情地鼓励："你们是传统村落保护的志愿者，我也是志愿者，我们共同努力，把中国传统村落保护好，守护中华民族的乡愁。"这给宁波的民间文艺家以极大的鼓励。由此，我们形成了由50多位骨干，共100多人参与的立档调查团队。宁波市委宣传部、宁波市文联十分关心和重视，积极推荐，宁波市委办公厅下发文件，将传统村落立档调查团队列入2016年宁波市文化创新团队，给予重点支持。

传统村落的保护，不仅要保护大量的传统建筑和自然生态环境，更重要的是守护传统村落的文化灵魂，延续传统村落的文化血脉。传统村落保护是一项系统的工程，是一个完整的体系。传统建筑和自然环境是它物质性的有形文化符号，而真正代表传统村落精髓的是以非物质文化遗产为主体的民间文化。如果说建筑类的文化遗产是传统村落的躯壳，那么民间文化则是传统村落的灵魂，而且很多民间文化在当代社会中仍有重要的史料价值和现实意义。完整的传统村落形态，不仅包括古民居、庙宇、宗祠、古桥、古树等丰富的物质文化遗产，同时还应包括各种生产生活民俗、民间信仰、民间文学、手传民间技艺等非物质文化遗产。建立科学完备的传统村落档案，使传统村落的文档成为记录完整的地域建筑史、民情生存史和传统文化史的资料，从而为今后传统村落研究、保护和发展提供可靠的依据。正因为如此，传统村落的保护理当是整体性的保护，传统村落的物质资源和精神资源不能互相割裂。失去了精神层面的民间文化，就如切断了文化的血脉，传统村落徒有躯壳，就没有生命的活力。

民间文化是在漫长的农耕时代里积淀形成的文化遗产。村落建筑中存在着传统技艺等非物质文化遗产，民众生产生活中遗存着大量的民间信仰、民间风俗、民间故事、农谚歌谣、俗语老话甚至地名文化、土特产制作技艺等民间文化。许多民间文化是在与之相适应的文化土壤中产生和存在的。如对于所在村落的山、水，当地人会寄托美好的愿景，赋予它灵气，因而口耳相传着美丽的民间故事和歌谣，千百年不息地传承。俗话说"一方水土养一方人""十里不同风，百里不同俗"，每个传统村落都具有它独特的个性，这与它的自然环境、生活族群的历史变迁有密切的关系。每个传统村落的独特的民间信仰、民间风俗，以至民间传说、歌谣、谚语、谜语、老话、生产技艺等，组成了绚丽多彩的民俗风情画卷。它既彰显中华民族文化的共性，又体现一乡一村的个性。这种民间文化拥有它原初的特性和独有的文化意义，扎根于它生存的土壤。它直接表达了传统村落的精神特质，是村落的灵魂所在。多姿多彩的传统村落之所以至今仍散发魅力，正是因为它们各自蕴藏着丰厚独特的民间文化。今天对传统村落保护的文化战略意义，就在于为千姿百态的民间文化留住生存空间，让它们有效地传承下去，从根本上保护这些古村落形态的整体性和文化的延续性。

对于传统村落民间文化的抢救工作，民间文艺界和知识界理应率先行动，形成文化自觉，敢于担当，对历史和民族负责。面对浩如烟海的民间文化珍藏，我们本次田野调查期间，团队全体人员下沉到民间去，深入田野间，深挖细掘，逐一记录梳理，精心搜集，细心整理民间文化中各种类型、各种民俗事象，尽可能全面、真实、客观、准确，形成系统科学的文献档案资料。特别是几位主创，遍访中老年原住村民，不厌其烦，反复追寻，不疏不漏，对年岁特别大的村民进行抢救性口述记录。我们深知错过了重要的知情人、见证人，就错过了历史，有些文化信息可能会从此湮没、消失。我们在这次田野调查中，历尽艰辛，不仅遍访村中的长住居民，而且对迁居到邻村、城镇，甚至远走他乡的村民也进行追踪调查采录，这着实是抢救性的工程，当我们整理定稿出版时，有些当年被采访的老人已驾鹤西去，真乃"时不我待"啊！

民间文化的丰富性体现在传统村落里，民间文化的精华扎根于传统村落里，民间文化的多样性显示在传统村落里，民间文化的独特魅力展现在传统村落里。只有抢救保护好民间文化，传统村落的保护工作才能达到科学完美的目标。只有坚持物质文化遗产保护与非物质文化遗产保护有机结合，才能实现建筑特质、风土人情、传统习俗、传统技艺等的合理利用，活态传承。只有保护利用好民间文化，传统村落的可持续发展才能有更旺盛的生命力和感召力，才能更有效地推进传统村落的美丽乡村建设科学发展。

去年，中共中央、国务院印发了《乡村振兴战略规划（2018—2022年）》，在《弘扬中华优秀传统文化》中明确提出："实施农耕文化传承保护工程，深入挖掘农耕文化中蕴含的优秀思想观念、人文精神、道德规范，充分发挥其在凝聚人心、教化群众、淳化民风中的重要作用。"传统村落的田野调查，正是农耕文化传承保护工程的必要和重要的一环。我们希望这18部《宁波传统村落田野调查》能为传统村落保护和发展，为乡村文化振兴和民间文化传承，提供有力支撑。为宁波文化强市建设展示优秀传统文化魅力，同时能推动更多珍贵的传统村落进行抢救性立档调查，以守护乡村的文化灵魂，延续乡土的文化血脉，强盛城市的文化根基，为乡村振兴和美丽中国建设做贡献。

戊戌酷暑于董山古村

目 录

调查实录

中国传统村落立档调查（文字）归档表 …… 003
一、村落风貌 …… 007
　（一）地理位置 …… 009
　（二）村史沿革 …… 010
　（三）民居布局 …… 013
二、自然生态 …… 017
　（一）山水特色 …… 019
　（二）古树名木 …… 021
　（三）植物资源 …… 022
　（四）动物资源 …… 023
　（五）矿产资源 …… 023
三、生产生活 …… 025
　（一）农林业 …… 027
　（二）造纸业 …… 028
　（三）伐木放排 …… 029
　（四）烧炭工艺 …… 032
　（五）山村采集 …… 033
　（六）禽畜饲养 …… 035
　（七）狩猎 …… 037
　（八）文化教育 …… 038
　（九）旅游产业 …… 039

四、物质文化遗产 ·· 041
　（一）民居建筑 ······································ 043
　（二）沈氏宗祠 ······································ 044
　（三）柿林村代表性建筑 ···················· 046
　（四）道教宫观建筑遗存 ···················· 047
　（五）古桥、牌坊、古碑、古井 ······ 050

五、非物质文化遗产 ································· 053
　（一）工艺技艺 ······································ 055
　（二）民间饮食 ······································ 057
　（三）民间医艺 ······································ 062
　（四）民间游戏 ······································ 066
　（五）民俗风情 ······································ 067
　（六）民间文学 ······································ 086
　（七）宗姓家谱 ······································ 113

六、诗文选录 ·· 117

七、红色柿林 ·· 123
　（一）红色堡垒村 ································· 125
　（二）红色纪事 ······································ 126
　（三）红色战史 ······································ 128
　（四）红色歌谣 ······································ 130

八、乡贤名士 ·· 133

图片档案

中国传统村落立档调查（图片）归档表 ········ 143
A 村落面貌 ·· 153
B 历史见证 ·· 193
C 物质文化遗产 ·· 202
D 民俗生活 ·· 226
E 生产方式 ·· 243
F 人物 ··· 262
G 其他 ··· 264

附录：国家级传统村落柿林村立档调查人员名录 ········ 266

调查实录

一
二
三
四
五
六
七
八

— 村落风貌

— 自然生态

— 生产生活

— 物质文化遗产

— 非物质文化遗产

— 诗文选录

— 红色柿林

— 乡贤名士

中国传统村落立档调查（文字）归档表

村落名称：柿林村

所属省市乡（镇）：浙江省余姚市大岚镇

名录批次：第一批

名录之外：宁波市历史文化名村、浙江省历史文化名村、中国历史文化名村、
全国生态文化村

调查时间：2016 年 7 月

调查者：杨鹏飞、李善斌

登记时间：2016 年 7 月—2018 年 12 月

编号	分项	内容	备注
1	年代	元末明初，距今 650 余年	—
2	形成原因	移民	—
3	类型	高山峡谷，丹霞台地	—
4	地质	黄土与砂石、喀斯特晚期、花岗岩	—
5	自然面貌	地处平均海拔 550 米的高山台地，丹霞丘陵谷口，村落呈现"负阴抱阳"太极八卦建筑布局，是宁波市海拔最高的村落之一。四面青山环绕，林木郁郁葱葱。赤水、北溪两条清澈的溪流在这里交汇。	—
6	民族	汉族	—
7	姓氏	沈姓	—
8	人口	截至 2018 年，户籍 289 户、650 人	—
9	生产方式	"出门条条岭，半世在路上。"当地还保留竹扁担肩挑、冲担（一种两头削尖的毛竹杠）挑柴、竹篓背驮、骡子运载的传统运输方式。使用铁耙翻土，锄头挖土和竹笋，镰刀（茅刀、割子刀）收割，钩刀砍伐等传统生产和耕作方式，春播、夏耕、秋收、冬藏。	—

续表

编号	分项	内容	备注
9	生产方式	主要产业有柿子、茶叶、毛竹、竹笋、花卉。如今,每年举行春茶、秋柿开采礼俗,农耕机械使用减少。有采药、酿酒、制茶、做豆腐以及秋天小秋收、冬天狩猎的习俗。	—
10	历史见证物	古树:树龄八百余年的古白桃花树1棵、树龄六百年以上的古柿子树1棵、树龄百年以上的银杏树11棵、古香榧树7棵等 碑幢刻石:北宋皇帝宋徽宗御碑亭、北宋时期摩崖石刻"丹山赤水"、清道光十一年(1831)沈明忠之妻圣旨钦旌的节孝碑 族谱:民国二十年(1931)11月续修谱《峙岭沈氏宗谱》全七册 牌匾:清朝时期"文肃世家"匾额 名胜古迹:丹山赤水洞天	—
11	物质文化遗产	祠堂:清朝道光四年(1824)沈氏宗祠 古街巷:清朝时期柿林老街 古民居建筑:清朝时期沈氏七间楼、沈氏墙门等 石牌坊:清朝时期"丹山赤水"石牌坊,民国时期鹰岩洞道教石牌坊、"九曲鸿运道"石牌坊、"洞天胜景"石牌坊 庵堂庙宇:清朝时期莲峰庵、土地庙 神宫道观:唐朝时期道教撒药台、太上老君石,建于清朝时期的四明道观,还有天机坪、民国时期的聚仙亭 古桥:建于清咸丰九年(1859)的赤水桥 洞窟:元朝时期风凉洞、明朝时期道教炼丹洞 井泉沟渠:明朝时期同心井 红色革命旧址:中共四明山第一党支部旧址、抗战时期得名的回马亭 书院私塾:明朝时期梦溪草堂 作坊:民国时期豆腐坊	—
12	非物质文化遗产	生产技艺:制作柿子饼、柿子糕点、柿子酒、番薯枣子等 生产习俗:伐木放排、烧炭、放牧狩猎、杀年猪、采摘山货 主要饮食:大米、番薯、各类糕团、笋干菜、番薯烧酒等 民间药俗:揪痧、挑痧、刮痧、收集狗宝、采摘七叶一枝花等 民间游戏:叠罗汉、打陀螺、放铳、冬天墙角晒太阳抛石子 民间工艺:竹编、道观壁画、做布鞋山袜、编制草鞋、打制石磨等 民间信仰:大岚打傩(行会)、祭山神、土地神和灶神、卜卦风水等 道教信仰:道教音乐、道教法事、道教茶俗、盂兰盆会茶俗等 民间文学:民间传说8则、民间俚语、谚语百余条、民间歌谣多首等	—

续表

编号	分项	内容	备注
13	自然遗产	地处浙东盆地山区，地处峡谷、岩壁、高山台地。自然资源主要有山林、柿子林、茶园、毛竹园，森林覆盖率高达81.1%，有"宁波绿肺"之称。有丹山赤水大峡谷、赤水溪、北溪、撒药岭古道。峡谷溪流因巨石和泥沙堆积，形成10个山塘水库、2条大溪流。其中大溪被称为北溪，源出四明山镇梨洲村，至柿林村白鳖洞出村域，注入宁波海曙区皎口水库；另一支称赤水溪，流经村内5千米，贯穿整个丹山赤水风景区。 植物资源有国家重点保护植物十余种，浙江省珍稀濒危植物五种。药用植物资源丰富，共有药用植物百余种。 动物资源有蕲蛇、竹叶青、乌梢蛇等蛇类十余种，山鸡、喜鹊等鸟类十余种，还有黄鼠狼、野猪、狐狸等野生动物。 矿产有高岭土。	—
14	现状	柿林村有丹山赤水、鹰岩洞天、狮王悟道、淡瀑飞水、八卦仙台、仙人指路、秋水长滩、四明道观等"丹山八景"和其他30多处景点，为国家4A级景区村落。 生态立村，生态强村，耕读传家，旅游兴村。2002年，大岚镇被授予"中国高山云雾茶之乡"的称号，柿林村是茶叶主产区之一。2003年起，柿林村每年举办柿子节、茶叶开采等新民俗活动。2003年编制完成柿林村古村保护规划。2005年被列为宁波市首批十大历史文化名村之一，2012年被列入中国传统村落名录，2016年被命名为浙江省历史文化名村，2018年被列为第七批中国历史文化名村。多年来先后荣获浙江省历史文化名村、中国最美休闲乡村、第一批中国传统古村落、浙江省全面小康示范村、浙江省兴林富民示范村、浙江省农家乐特色村、浙江省卫生村、浙江省特色旅游村、宁波市文明村等称号。	—
15	村落简介	柿林村是一个结构十分完整的古村落，村内的丹山赤水风景名胜区，面积约6.05平方千米，是余姚市第一个风景名胜区，2005年通过国家4A级景区验收。 柿林村是单一沈姓血缘村落，是北宋科学家、政治家沈括（1031—1095）的一支后裔。曾因人才辈出，被称为"士林村"，又因两岭对峙，故称"峙岭村"，现因盛产柿子而得名"柿林村"。位于四明山大岚镇东南，距大岚镇政府驻地丁家畈蜻蜓岗5千米，距余姚城区50千米，距宁波市区60千米。 2001年4月由原柿林、小岩岭头、黄泥岭三个行政村撤并而成，区域面积约6.05平方千米，有耕地约2.04平方千米，山林面积约4.13平方千米。户籍289户、650人。	—

续表

编号	分项	内容	备注
15	村落简介	主要经济作物有柿子、茶叶、竹笋、花卉等。其中"吊红"柿子年产20多万斤，干茶年产120余吨。 近年来旅游业发展良好，有农家饭店25家，农家旅社10家。着力建设生态旅游休闲胜地，以丹山赤水景区为依托，保护柿林古村，挖掘山村文化，打造"生态优美、充满活力、富有个性"的浙江山乡旅游胜地，建设全面小康社会。	—
16	其他	每年举行"春茶民俗开摘节"，秋天举行"丹山赤水柿子节"。	—

宁波传统村落田野调查·柿林村

一 村落风貌

（一）地理位置

1. 区域位置

柿林村位于四明山大岚镇东南部，距大岚镇政府驻地丁家畈蜻蜓岗 5 千米，距余姚城区 50 千米，距宁波市区 60 千米。村因盛产"吊红"柿子而得名。村域东临海曙区，南与本镇南岚村接壤，西至南岚村蜻蜓岗自然村，北连本镇新岚村、大路下村。村域面积 6.05 平方千米，有耕地约 2.04 平方千米、山林约 4.13 平方千米、柿子林约 0.13 平方千米、集体茶园约 0.13 平方千米。区域内有著名的国家 4A 级旅游景区"丹山赤水风景区"，是浙东地区道教发源地"四明道观"道场所在地。

2. 地势地貌

村域属浙东盆地山区，地貌以峡谷为依托，以绝壁、奇岩、古桥、流溪、飞瀑为特色。其中柿林村一带，山顶平台发育，地势陡峻险要，村庄民居建于高山台地峡谷之上，平均海拔 550 米，是宁波市海拔最高的村落之一。森林覆盖率高达 81.1%，有"宁波绿肺"之称。村落处于丘陵谷口，由溪流挟带巨石和泥沙，形成 10 个山塘水库、2 条大溪流。其中一大溪被称为北溪，源自四明山镇梨洲村，至柿林白鳖洞出村域，注入海曙区皎口水库；另一支被称为赤水溪，流经村内，贯穿整个丹山赤水风景区。

3. 气候条件

地处亚热带南缘，属季风型气候，四季分明，冬夏稍长，春秋略短。年平均日照总时长 2061 小时，年平均气温 16.2℃。7 月份最高，平均 28.3℃；1 月最低，平均 1.1℃。历史最高气温 39.5℃（1983 年 7 月 31 日），最低 -13.8℃

（1977年1月31日）。雨量充沛，年平均降水量1547毫米，夏、秋季节多台风和热带风暴，冬季有积雪。村域内灾害性气候以水、旱、风和泥石流为主。

4. 交通道路

村内公路属四明山区高山公路。浒（慈溪浒山）溪（奉化溪口）公路横贯村域西部，在南岚村与柿林村"丹山赤水"牌坊道口折入靖白线村道，经3千米至村口。公交线路是余姚—（浒溪线/33省道）—梁弄镇—（33省道）—大岚镇—柿林村村口。

村中有一条古道，位于撒药岭，是通过村域的盘山石阶步梯，全长10千米，通往宁波市海曙区。

（二）村史沿革

1. 村名来历

柿林村居住的主要是沈氏，是单一的沈姓血缘村落。据记载，周文王第十子聃季载封于沈，是沈氏始祖，其第45世于元末明初迁居于此。

沈姓聚居的柿林村，历史上曾叫"峙岭"，平均海拔550米。村落坐西南朝东北，因村庄"悬挂"在大岚盆地边上，向赤水溪（大皎溪支流）峡谷跌落的地层断裂坡中间有一个小平台，两边两岭相峙，所以称为"峙岭"。

明代学者、诗人沈明臣（明万历朝首辅沈一贯的叔父），字嘉则，鄞县（今浙江宁波）人，为博士弟子，善书。他在《四明山游记》中对柿林村有记载："登一小岭，绕而南去，乃一旷土，宽数十亩者，有沈氏居焉。地曰柿岭，家户业纸，屋后山如屏。"对村落地形、历史、造纸业进行了形象的描述。

相传清末余姚县县令到此，见峙岭村气势雄伟，且出过几名秀才，故更名为"士林村"。现因盛产柿子而得名"柿林村"。

村口的沈氏宗祠，向人们展示了沈氏族人迁居村庄后的历史脉络。沈氏历代族人继承耕读传家的家训、家风,展现了中国传统村落的文化风貌。

2. 历史沿革

据《沈氏宗谱·林十五公传》所述,敏二裔孙沈太隆(名行林十五),闻四明山清水秀,有洞天福地之称,与其妻子定居柿林村,时间大约是明宣德年间。自林十五公沈太隆迁至柿林村,经过650多年的繁衍生息,子孙耕读传家,代代相传,在这幽深而奇特的崖顶山沟,渐渐形成了一个风貌古朴、民风淳厚的村庄——柿林村。

新中国成立前,柿林村属绍兴府余姚县南岚乡二保,1949年划归宁波地区余姚县南岚乡。1950年改称为南岚乡二村,1956年为四明山区大岚乡士林高级社,1958年划归余姚县四明山人民公社,1960年为四明山区南岚公社峙岭大队。1964年"四清运动"时,因村里屋前屋后都是柿子树,改村名为柿林大队。1992年撤并后为大岚镇柿林村。2001年4月行政村撤并,撤原柿林、小岩岭头、黄泥岭三个行政村,并为柿林村。

3. 历史见证

村内有在唐朝时期就已负盛名的四明山"神宫道观",史籍中称为"丹山赤水"。早在东汉年间,就有许多道教名士来此隐居修身。唐朝杜光庭《洞天福地岳渎名山记》中将这里列为道家七十二福地之第九福地,道家尊之为三十六洞天之第九洞天,宋徽宗御书"丹山赤水洞天"。

历代诸多名人雅士到此览胜抒怀,留下了许多优美诗篇。明代诗人有"丹山赤水神仙宅,布袜青鞋作胜游"之记。柿林村开村始祖沈太隆也曾赞美柿林:"洞天福地甚奇哉,不染人间半点埃。相土择宜居此在,岭头唯有白云来。"

附1:沈氏溯源

据资料记载,西周初期分封的姬姓诸侯国中,聃季载的裔孙被封于沈国,后被贬为子国,所以称"沈子国",在今河南平舆县北,公元前506年为蔡国所灭。子孙以国为氏,就是沈氏。对此,《元和姓纂》简要表述为:"沈,周文王第十子聃食采于沈，因氏焉。今汝南平舆沈亭即沈子国也。"是为沈氏始祖。

纵观沈氏一族，活跃于政坛者，集中在唐宋两朝。第14世祖沈祥、沈祐兄弟皆为唐太宗时期状元，第16世祖沈学诗为唐代宗时御史，宋代有中书侍郎（第20世祖）、户部侍郎（第21世祖）、礼部尚书（第22世祖）。特别是第24世祖沈括（1031—1095），为宋仁宗时期进士，官至龙图阁学士，权三司使，曾出使辽国，驳斥辽争地要求。神宗时参与王安石变法，神宗崩后被贬，居梦溪园（今镇江市东面），撰《梦溪笔谈》传世，死后谥"文肃公"。第25世祖沈琰为御史中丞，因秦桧入相屡谏不用，遂辞官归隐山阴鉴湖畔。第27世沈存和（行亨二）为前军都督大元帅，迁居姚江江口下坝。第31世祖沈仕美为宋徽宗东床快婿。第37世祖、饶州府尹沈孟昌曾上书宋高宗，请求为家族题写御书。绍兴五年（1135）二月十五日，高宗皇帝御笔敕赐"簪缨继世、科第传家"。第45世祖太隆公行林十五（1350—1434）于元末由下坝迁居柿林，为柿林沈氏始祖。此后以耕读为传家之本，很少参与政坛。自太隆公始，柿林沈氏至今已繁衍至25代。如从周文王第十子算起，应为69代。

附2：柿林沈姓源流

史载周文王第十子聃季载就封于沈国，其后遂以国为氏。今江南一带的沈姓皆是聃季载的后裔，故有"江南无二沈"之说。

据余姚市公安局2012年6月统计，全市户籍人口中有沈姓22116人，居各姓人口第八位。各乡镇街道几乎都有沈姓聚居的村坊，其中直接冠名"沈家"的自然村有15个，带沈字的行政村则有兰江街道沈湾村。按迁徙渊源及聚居地的不同，余姚沈姓又分很多支派，主要有沈湾沈氏、半霖沈氏、兰风沈氏、云楼沈氏、姚江沈氏、峙岭沈氏、虎潭沈氏和姚北沈氏。

其中峙岭沈氏为姚西沈湾村沈氏一支。沈湾沈氏，又称江口沈氏、姚西沈氏、姚邑沈氏。迁姚始祖沈直，号介庵，北宋庆历六年（1046）进士，官至都察院左都御史，神宗时因对王安石变法有异议而被斥，迁居余姚县凤亭乡江口村（今兰江街道沈湾村）。峙岭沈氏于元末由沈湾江口之下坝迁居柿林，沈太隆为柿林沈氏始祖，已繁衍至25代。峙岭沈氏宗祠始建于清道光四年（1824），1990年重修，堂号"忠清堂"。

柿林沈姓源流：西周时期河南省平舆县沈子国聃季载—唐朝时期沈祥、沈祐—宋朝杭州钱塘沈括—宋朝山阴县沈琰—南宋杭州沈孟昌—元朝沈存和迁居姚江江口村—元朝末年沈太隆从江口村迁峙岭村。

附3：始祖沈太公建村的传说

　　传说650年前的某一个金风送爽、风和日丽的日子，大岚山顶迎来了三个行色匆匆的身影，他们注定改变这里的历史。这就是沈太隆和他的妻子、儿子。相传峙岭（柿林）村的始祖太隆公，特别喜好山水，他的游踪遍布天台山、雪窦寺、四窗岩等地。有一年秋冬之际，他背着饭盒翻山越岭继续寻觅佳境。游到丹山赤水时，为眼前的优美风景所倾倒。为了减轻负担，他把饭盒挂在一棵小树上，继续他的游程。到中午返回取下饭盒准备吃饭时，发现饭盒还有余温。太隆公断定这是块好地方，就在小树周围开挖，果然挖出了泉水，这就是现在村中的古井——同心井。于是他就带着妻子和儿子在井旁建造了几间草屋定居下来，其后逐渐成为一方大聚落。

（三）民居布局

1. 高山传统民居布局

　　柿林村是一个典型的传统中国道教文化村，村落"聚族而居"，血缘宗亲相聚共居，是山地丘陵庭院式民居聚落地，村域呈现一个不规则圆形。村落不仅有观、祠、庙，还有民居、书院等民间建筑，其中民居是最基本、数量最多、与人们生活密切相关的一种建筑类型。现存传统民居大多建于明清和民国时期，这些建筑风格多样，各具特色，具有四明山乡的传统风貌和浓郁鲜明的地方特征。大多为单门独院三合院式，有门楼、两面坡屋顶。由于山高，石料普遍，按就地取材原则，村内多石头、黄泥、砖石住宅。村落民居还多见砖雕等装饰。利用台地错落地势，房屋多依古道、峡谷溪流走向而建，门、台阶、过道均设在小道或溪流旁，民居自然融于水、路、桥之中，多楼房。村落古建筑多青砖黑瓦、巨石叠墙，形成了山地粗犷、实用却又细致的民居文化。由于四周多高山台地和峡谷，气候湿热，为便于通风隔热、防潮防雨，院落中多设天井，墙壁和屋顶较薄，有的有较宽的门廊或宽敞的厅阁。

2. 宗法社会结构村落

柿林村村落形态符合中国封建社会重要特征，将尊礼、循礼的观念直接反映在民居建筑中。宗法社会最主要的表征之一是祠堂体系。村落祠堂采用严格的轴线对称布局，院落空间由数进建筑构成。沈氏宗祠一般有大门、仪门、正厅、后寝等。祠堂的正厅亦称享堂、祭堂，是拜祖先、举行祭祀仪式及宗族议事之所，后寝为安放祖先牌位和悬挂祖先画像之所。柿林村是单一姓氏共居，现村中依然留有沈氏宗祠，显示出山地家族文化的痕迹。随着时代的发展，这样完整保存家族文化遗存的村落已较罕见。

3. 风水对建筑风格的影响

柿林村村落选址讲究风水，多道观、神宫祭地。村东以丹山为中心，是道宫所在地，村民认为其是神仙居住地。村西是村民居住地，隔峡谷相邻而居。沈氏先人在建村立基时很重视布局，认为风水的好坏关系到村落及宗族的兴衰。风水学中流传说"卜其兆宅者，卜其地之美恶也。地之美者，则神灵安，子孙昌盛，若培植其根而枝叶茂"。风水强调人与环境间的相互作用，追求与天地和自然万物的和谐，以达到趋吉避凶的目的。现在整个村庄民居的朝向、形式、布局及空间关系几乎都受到风水观念的影响。在民居中，趋吉避凶的方法主要表现在迎合、避让、符镇等方面。绝大多数村民的传统住宅都呈规则方正的合院布局，少有不规整的宅基，迎合了风水中"屋式要四周端正整齐，不可尖偏斜"之说。风水学对门的相对位置的选择禁忌众多，使得住宅组群相互关系受到制约和影响。最常用的避凶方法是符镇，这也是一种重要的装饰手法。柿林村所在的四明山区一带都是如此。此外，更多的民居是在门上画阴阳八卦、安尖叉等符镇，以及吉祥物、吉祥语等装饰图案，以达到趋吉避凶的目的，获得精神上的寄托。

4. 高山台地天井院

村中民居多采用"天井院"式布局,其产生原因是地理环境和气候特点。山村多丘陵,耕地少,人口稠密,因此建房屋宅院时尽可能节约用地,三面或四面的房屋都建两层。由于夏季湿热,冬季阴寒,房屋围合成一个高而窄的天井,这种设计有利于内外空气对流,能达到冬暖夏凉的效果。古村落的天井院主要有两种基本形式。一种是由三面房屋和一面墙组成,居中的是三开间的正屋,两边各为一开间的厢房,前面为高墙,俗称"三间两搭厢"。另一种是四面房屋围合中间的小天井,俗称"对合"。"对合"的正房称上房,隔天井靠街的房间称下房,大门多开在下房的中央开间。两种天井院都以堂屋(正房一层的中央开间)为住宅中心,开间进深较深,前面一般不设门窗和墙,与天井直接相通,利于采光和通风。天井的面积不大,长和正房中央开间相当,宽只与厢房开间相当,加上四面房屋伸出的屋檐,天井露天部分狭小。这种高窄天井的设计,具有近似烟囱的效果,有利于排出宅内的污浊空气。天井还具有增加室内采光和聚集雨水(可通过地沟排水)的作用。

除以上单一的院落外,族人较多的家庭往往建造包括几个天井院的大院落,把若干个"三间两搭厢"和"对合"组合连通。天井院之间为防止火灾蔓延,将山墙建得高出屋顶,呈现出错落的阶梯形,称为"封火山墙",成为一大建筑特色。这样一个个天井院紧挨,条条街巷相连,形成村落中的支路;街巷与村中干路相通,构成"鱼排式"路网骨架。出于节约用地的考虑,街巷多狭窄,由山墙限定巷道空间,高墙窄巷成了天井院村落住宅群体的典型形态。

5. 村落民居装饰艺术

柿林村民居的装饰主要是"三雕"(木雕、砖雕、石雕),其他如壁画、彩画都匠心独运、各具特色,表现出很高的艺术水准。砖雕精品多见于门楼,石雕多见于石窗、石鼓、抱鼓石、栏杆柱头、石栏板、石阙、雀替等,木雕多用于斗拱、封板、木栏板、木窗、木门、柱头等。其中以木雕工艺最为突出。木雕在四明山区的传统民居建筑中运用广泛,从梁架、檩条到斗拱、驼峰等大木构件，从门窗、栏杆到牛腿、雀替等小木装修，随处可见构图饱满、层次丰富、繁而不乱、富有立体感的精美华丽的雕刻。雕刻的内容有飞禽、走兽、人物、山水、植物及几何图案等。

宁波传统村落田野调查 · 柿林村

二 自然生态

（一）山水特色

柿林村位于四明山腹地，具有独特的高山台地特征。周边围绕的幢起岩、丹山岩，与赤水溪形成独特的山水格局，是美丽的自然风光与高山台地民居文化艺术结合的典范。村落背山靠水的选址体现了我国古代村落择地而居的传统形制，是研究古村落环境学、生态学的重要样本。古村山水格局十分清晰，处在道家八卦藏风聚水的最佳位置——灵穴之中，被道家誉为"红村横坎头，四明第一村"。

村内有由丹山赤水、鹰岩洞天、狮王悟道、淡瀑飞水、八卦仙台、仙人指路、秋水长滩、四明道观组成的"丹山八景"和其他三十多处景致。村域内群峰斗妍、古树参天、溪水潺潺，是人们享受自然山水风光、沐浴历史文化、品味山乡风情、休闲娱乐度假的极佳生态旅游地。

丹山赤水大峡谷

以丹溪悬崖为轴心，横贯全村南北，全长 5 千米。峡谷两岸以绝壁、奇岩、古桥、溪流、飞瀑等自然山水为依托，以道教文化、浙东山乡古村风情、民风民俗为文化内涵。被称为道家三十六洞天之第九洞天。《全唐诗》中收录有李白、贺知章等诗人描写此峡谷道教风情的诗作。大峡谷景区景点有幢起岩、丹山石壁、双鹿轩、白虎潭、青龙潭、华盖潭、冷龙潭、秋水长滩、狮子岩、风凉洞、峡谷漂流等。

幢起岩 幢起岩是一块十几丈高的方形石柱，从山根拔地而起，挺拔雄伟，首刺苍穹。石柱顶端还有一块巨型方石，仿佛人工叠上去的，石柱和巨型方石浑然一体，天造地设，体现了大自然的鬼斧神工，村民称之为"幢起岩"。相传吕洞宾云游至大岚镇，见山民挑着担翻山越岭非常辛苦，动了恻隐之心，想在两个山头间架一座桥。他刚搬来两块巨石作桥基，就被玉皇大帝召回，桥未造成，只留下这两块岩石。因传说是神仙所为，所以又称"仙人叠岩"。如今远远望去，又恰如一个仙人站在山顶，向东眺望大海。

赤水桥 赤水桥横跨在赤水溪上，是一座由红褐色、三面抛光的丹石合缝砌成的单孔石拱桥，拱高10米，跨度12.8米。桥始建于咸丰九年（1859），由柿林村人沈云章发起建造，历时四年之久，直到同治元年（1862）方建造完成。此桥设计合理，工艺精湛，现为余姚市重点文物保护单位。

土地庙 土地庙依丹山而建，黄墙黑瓦，为三开间，大门左右厢房的墙壁上各开一个圆窗。大殿里面供奉着土地公公与土地婆婆，祈愿能保佑一方的平安。

丹山石壁 丹山石壁呈暗红色，属丹霞地貌，石壁犹如孤峰耸立于村东峡谷之上。传说古人在此杀羊祭天，羊血喷溅，将石壁染红。崖壁上题有"丹山赤水"四个字，为宋徽宗御笔所题。

双鹿轩 传说古时有一大一小两头神鹿在此得道成仙，成为四明鹿仙。它们每年春秋来此，时常隐在山涧石壁间休息，用潭水洗涤灵芝草，因此溪水成为可以治病的一味药引。站在溪边远眺，仿佛看见两头梅花鹿在林间觅食。后人在此建亭轩纪念，取名"双鹿轩"。"双鹿轩"位于赤水溪对面山涧之中，是一处品茶休憩的好地方，又是景区内的童趣园，每逢假日，欢声笑语此起彼伏，一派欢乐的景象。

白虎潭 白虎潭是整个赤水溪中最深的潭，传说四明山中的白虎常来这里喝水，而白虎也是道家崇拜的吉祥物，故名"白虎潭"。

青龙潭 青龙潭位于赤水溪上游，水深刚好过膝，水面开阔，是游人嬉水的最佳场地。

华盖潭 华盖潭呈圆形，像一口锅盖，潭水清澈见底，是为纪念为挽救干旱的四明山区而牺牲自己的华盖而命名的。

冷龙潭 冷龙潭由瀑布冲击而成，潭水清澈见底。

秋水长滩 秋水长滩土地平旷、视野宽广，水面连绵几十米，水中刻有"秋水长滩"四个字，出自余姚现代书法家俞伯军之手。

风凉洞 风凉洞是一天然石山洞，夏天有凉风从洞内吹出，而冬天从洞内吹出的却是暖风，并且空气清新，神奇无比。

峡谷漂流 丹山赤水大峡谷漂流的河道狭窄，水流湍急，3—5米的落差随处可见，漂流的游客在水流汹涌澎湃处疾速前进，跌宕起伏，惊险刺激。

（二）古树名木

柿林村古树名木众多。现存主要树种有八百年树龄古白桃花树、百年树龄古柿树林、百年树龄古银杏树、百年树龄古香榧树，还有一批生长在峡谷岩石、悬崖上的古柏、古栀、黄杨等名木。

白桃花树 当地村民称之为山樱花树，是亚热带蔷薇科小乔木樱桃族水果类植物，为国内稀有名贵植物。柿林村的这棵树树龄有八百多岁，现已确定为野山樱桃树，列入国家级古树名木清单，受国家一类植物保护。这是迄今为止四明山区乃至浙江省发现的最古老的樱桃树，在浙江省内独一无二。三百多年前的清朝初期，白桃花树躯干特别高，是古林中之最，后遭雷电击中树干，拦腰截断了上半部分，下半部烧焦如炭。

这棵树生长在柿林村后狮子岩山腰的古树群中，树高约18米，主干修长，树梢突出，旁枝斜出，高过身前的老房子。春日花开数枝，几抹嫣红，在周边一片绿色树林的衬托下尤为温婉动人。

树主体需两三个成年人合抱，苍老的树皮上青苔斑驳。老树根裸露，古老根系布满的地块如山脉，像一条条巨蟒高出地平面近2米，并与邻近5米的5株古香榧和古金松的根系紧紧地绞合在一起，组成了互补互助的古植物群落。樱桃树遭灭顶之灾时，是靠古香榧和古金松树的养分，神奇地成活、发芽、复生的。古树躯干中空，足可藏人，乍一看犹如一棵枯树。但抬头仰望，可见老树干皮上生出众多新枝，叶茂花盛，生机勃勃。

此树龄比有着六百多年历史的柿林古村还长。在村民看来，这是一棵神奇的树。不知从什么时候起，它就已经站立在古村内，坚强笃定，傲然挺立，默默地守护着这个村子，每天安静地看着脚下升起的袅袅炊烟，以自然的方式渐渐融入村庄的生活。经历了数百年的风雨沧桑，它已经成为古村历史文化的承载者和象征。

村里至今还流传这样一个说法：山樱桃树五百年才结一次果，若能见果，乃大吉大利之兆。因此，村民对这棵古老的树敬重有加。村里的先人根据最朴素的愿望，以山樱花树寓寿，以周围一棵古劲松托福，以一株古香榧树应禄，而美其名曰"福禄寿园"，寄托了人们对美好生活的向往。

古银杏树 村落北侧山坡上遗存十多棵古银杏树，树高数十米，树围六米，树龄五百多年。传说为沈氏始祖沈太隆所植。

古香榧树 百年香榧树树干挺拔，细叶婆娑，一粒粒椭圆形果子青翠欲滴。现存的7株有三代同树、花果同枝的景象。

百年柿子林 树龄三百年以上的柿树参天合抱，最大的一棵单株产量可达1000多斤。全村柿树种植面积达0.13平方千米以上，年产柿子20余万斤，为当地居民的经济来源之一，也是柿林村最著名的特产。每当柿子熟透，树叶落尽，整片柿林都点缀上小小的"红灯笼"。

古茶园 四明山古茶产地之一，历来是道家道茶的主要来源地，目前是四明龙尖茶的主产地。茶叶生产是当地最重要的经济来源，柿林村现有茶园面积达100公顷。当地人对明前茶非常重视，采摘时节人们浩浩荡荡前往茶园采摘。

（三）植物资源

柿林村有森林面积约4.13平方千米，分布有蕨类植物、裸子植物、被子植物。据不完全统计，村域内有国家重点保护植物10多种、浙江省珍稀濒危植物5种、药用植物80余种。这些珍贵的野生植物都分布于柿林村周边的山上。

村落山林中有众多具有杀虫、止痒、去湿、清热解毒药效的植物，主要有石香薷、高粱泡、紫苏、姜、七叶一枝花、江南卷柏、井栏边草、无花果、野荞麦等。除了上述各类中草药，还有厚朴、野大豆等名贵的中药材，以及一些补益药、外用药、麻醉药和治骨折及妇科病的草药等。

重点保护植物资源有银杏、水杉、金钱松、翠柏、榧树、长序榆、榉树、野荞麦、鹅掌楸、厚朴、凹叶厚朴、香樟、野大豆、喜树、香果树、七子花等，其中包括珍贵的园林观赏树种。

峡谷内还有竹柏、青钱柳、光叶榉、短萼黄连、八角莲、乳源木莲、乐东拟单性木兰、黑壳楠、牛鼻栓、杜仲、浙江红山茶、长柱紫茎、刺楸、琼花荚蒾、华重楼等植物，具有观赏和药用价值。

（四）动物资源

柿林村峡谷幽深，山涧众多，是野生动物理想的栖居之地，村民亲眼看见过的大型哺乳动物有豹、狼、豺狗、野猪、岩羊、穿山甲、豪猪、角麂等，小型哺乳动物有狸猫、果子狸、野兔等。禽类有雉鸡、斑鸠、猫头鹰、岩鹰、苍鹰、八哥、画眉等。毒蛇有蕲蛇、竹叶青、蝮蛇等，无毒蛇有乌梢蛇、臭灰蟒蛇等。按纲分，野生哺乳动物有野猪、短耳兔、黄鼬、狐狸等，爬行动物有山乌龟、五步蛇（蕲蛇）、黑眉锦蛇等，两栖动物有石鸡（蟆）等，鸟类有杜鹃、猫头鹰、雉鸡等10余种，昆虫有蝉、蝴蝶等20余种，淡水鱼类有18种，甲壳类有溪蟹、山溪甲鱼等。

（五）矿产资源

柿林村位于高岭土矿带，地表呈肉红、浅绿和灰色，矿产储藏量丰富，是余姚市内高岭土的主产区。已探明有开采价值而未开采的矿产资源有花岗石等。

宁波传统村落田野调查·柿林村

三 生产生活

柿林村融自然经济、农林产业、景区旅游经济为一体。一方面，仍然保持着传统山地农业的特征，利用地缘自然经济优势，一年一度的"丹山赤水柿子节""中国高山云雾茶之乡风情节"举办得红红火火。另一方面，挖掘当地传统文化，开发"四明山旅游节""宁波茶文化开摘节""余姚民俗文化表演"等特色文化旅游活动，持续推动传统村落经济、社会、文化形态新发展。

（一）农林业

柿林村农业历史悠久。早在唐宋时期，山地先民就开始在山坡溪地种植少量水稻。唐朝时，柿林村已开发出"瀑布仙茗"茶，被陆羽写入《茶经》。到明清和民国时期，村民开垦梯田、扩大良田，同时兴修堰闸等水利工程，农业得到进一步发展。

目前，柿林村是四明山区著名的"名茶之村"，也是余姚市"中国高山云雾茶之乡"的特色农业核心产区。柿林村自然地理环境优越，农林资源丰富，是一个以山区特色农业为主，盛产柿子、竹笋、茶叶、花木和干鲜水果的林特区。农业逐步向产业化方向发展，柿子、高山番薯、竹笋、茶叶、果品、花卉六类农副产品形成产业规模。如今柿林村拥有柿子、茶叶、花木三类农业企业9家，组建村级农业社会服务组织1家，涌现出"阳春红"柿子、"四明龙尖"茶叶等名牌产品。

柿林村地处四明山腹地，拥有林地约4.13平方千米，原始密林遍布，是山区重要的木材、木炭采集基地。目前，村落的山坡上种植的大多为经济林木，如柿树、茶叶、板栗、花木。众多梯田也改种樱桃、花木，发展迅猛。

丹山吊红 "丹山吊红"（柿子）是柿林村的传统名果，以果色艳丽、肉质柔软而闻名，至今已有400多年历史。每年入秋后柿子开始成熟，由青转成红色，悬挂在树上极为美观，故宁波一带称其为"吊红"。柿林村现有柿子林约0.13

平方千米，年产柿子20多万斤。2006年，柿林村"吊红"柿子正式注册为"阳春红"柿子，从此有了自己的品牌。"阳春红"柿子个大、质软、味甜，除生食外，还可以加工成柿饼进入市场。惹人垂涎的柿子成为游客争相购买的产品，也成了柿林村村民增收致富的"吉祥果"。

高山云雾茶　柿林村地处四明山中心腹地的高山台地，地形平缓，土质肥沃，气候湿润，阳光充足，盛产"瀑布仙茗""四明龙尖"等名茶。现有高山云雾茶园约0.8平方千米，年产茶叶100多吨，产品畅销全国，远销海外。满山遍野的茶树，犹如翠龙蜿蜒盘旋，与青山秀水为伴，与清风云雾为侣，采日月之灵气，集天地之精华，成为四明山上一道绿色的风景线，为山区农民创造了巨大的经济效益。

山地竹笋　柿林村有约0.27平方千米以上的竹林，盛产毛竹、竹笋，其中又以"燕笋""羊尾笋干"为主。竹笋烹调时无论是煎、炒还是熬汤，都鲜嫩清香。以前，柿林村村民主要通过竹排将燕笋运输到宁波销售，羊尾笋干则主要销往苏州、宁波等地。现今，随着旅游业的开发，燕笋、羊尾笋干等农副产品以卖给游客为主。

高山番薯　高山番薯是四明山区的传统物产，种植于缓坡山地、溪边杂地、林间土地。柿林村番薯种植面积有约0.2平方千米，分布于各自然村。其中花木基地内套种番薯的有约0.02平方千米，亩增效益1500多元，促进了花木产业的转型。村民历来有加工番薯的习惯，以便保存番薯并提高番薯经济附加值。现已形成民间加工工艺，还注册了国家商标，成为游客喜欢的一种土特产，并进入了城乡超市。

（二）造纸业

明朝时，柿林村已有造纸业和相应作坊。20世纪80年代的村造纸厂旧址仍存在，面积为一亩左右，造纸池和地基清晰可见，尚存旧时山区民间制造土纸用的石臼和石磨。据村民说，当年利用当地水源丰富、盛产木材和竹子等有利条件制造土纸，在村里建有灰池、水车、水碓、作坊、晒场，砍竹、伐木、造纸，世代相传，至今已延续了500余年。土纸被村民称为"火纸"，是一种低档纸，多作为中药店的包装纸及佛教、农家用纸。

（三）伐木放排

伐木 伐木，即砍树，放排就是在溪流里放流筏。柿林村地处余姚四明山腹地，为浙东天然木场。清末民国初，经营木材的公司下设木场，木场有老板和管财务的。伐木任务一般承包给包头（今称业务经理），包头接活后就到各个行栈问老板：店里要多少做工的？其中"硬手"要多少？"打下脚"的要多少？"硬手"负责伐木，"打下脚"的负责修道和退杈（打枝丫）。包头招工，先讲工钱，讲好工钱后先支付一部分，然后带上山伐木。一般是立冬上山，开春下山。

包头这个职业既辛苦又危险，平时住在山场或山区小村里，和伐木工一起，几十人住一屋。包头和伐木工们凌晨两点上山，走大约10里路到山场，干3个小时活天才亮。摸黑伐木的时候工人们互不交谈，也不"喊山"，全凭自己的耳朵和眼睛去判断。旧时的伐木工具非常简单，有大斧头、弯把锯、大肚子锯、快码子（一种两人拉的大锯）。大斧头有半尺宽的刃，两人对着放（砍），一个左撇子，一个右撇子。不论多粗的树都不许出现超过八寸的"榨"（即用斧子先砍出的碴口）。遇到粗树，从四面往里砍，等树被砍倒了，树茬子中间的小窝里能装一桶水。

白天伐木要看好方向，树一"叫榨"，就"喊山"，树倒下了，再喊一遍。"喊山"大体分三种："顺山倒""排山倒"和"迎山倒"。"顺山倒"是树头向山下倒，"排山倒"是树头横向倒，"迎山倒"是树头向山上倒。伐木人员听到"喊山"，根据"喊山"的方向，迅速躲开，防止树倒砸伤人。树砍倒后，由打下脚的用斧子砍去枝杈。

抽林子 把原木拉出山去叫"抽林子"。修好道路，搭好把树木吊起来的工具，然后用牛爬犁"抽林子"。牛爬犁有两头牛拉的也有三头牛拉的。一伙两人，一人牵牛在前开道，另一人左手拿一根挖杠，左右拨道，一次可拉两根木头。"抽林子"危险性大，特别在跑坡时如果稳不住"吊子"，就容易出现牛死人亡"吊子"散的场面。也有用马或骡爬犁拉的。爬犁有套六头牲口的，也有套七头牲口的。六头的前面三头，中间两头，辕子一头；七头的前面三头，中间三头，辕子一头。路窄就让爬犁一架架地过，路宽就两架爬犁并驾齐驱，都用铁链子捆扎。一般爬犁可拉20根，道路好的情况可拉40根，一节（一段）路最远不超过30里。一直拉到江边或大溪木场，通过归楞、掏眼、串排，然后水运出山。

放排 放排亦称"流筏"，是一种古老的利用江、溪流运送木材的方式，因危险性很大，俗信较多。

清朝初年，柿林村团结了周边20多个自然村庄，依靠村庄十里丹溪在县城、大岚、梁弄、陆埠、周巷、马渚、庵东、泗门等地设置木行，所需的四明山上等木材从溪流放排入姚江运送出山。清末，由于多条水路的开发，姚西、上虞、慈溪、宁波的粮商每年冬季到姚江两岸一带收购粮食，趁放排运到宁波、上海，连粮带竹排一起卖掉。渐渐地，放排业规模增大，形成了一个特殊的行业，并且有了自己独有的生产习俗。

放排分渡人、运材、运粮（物）三种。形式可分为放散羊、串排或横排和漕排三种。

放散羊是放排初期使用的方法。当时人们把砍倒的木材一根一根调到溪中、江中，木材在江面上排成一排，靠水的冲力往下漂流。放排工人手握一根长竿，俗称"扒钩"，站在一根大木头上，跟在群木的后边，随群木漂流。尽管水流湍急，放排人站在木筏上仍可以保证木材不滚不翻。如遇到哪根木头横了或被礁石卡住，放排人就用"扒钩"勾住木头，用力一拉，就使木头回归正位。远看就像牧羊人放牧一样，故称"放散羊"。

串排或横排是指放排人把十几根粗细相等、长短一致的木头排在一起，全部竖放扎牢或横向扎紧。把木头的两端凿出碗口粗细的圆眼，中间用结实的硬木头串上，再用榆树条子拧紧、系牢，这样就形成了木排。把木头竖放扎牢的，称为串排；横向扎紧的，称为横排。木排的根数根据江河水道情况而定，如果水大，江河"哨口"（水道中危险的地方）少，放排人有经验，就可多放一些木头。为了使木排顺流而下，放排人会在木排前头和后尾安上棹板（形状和船桨差不多），名叫"前后棹"。"棹"就是木排的舵，起调节和改变木排方向的作用。使后棹的人必须听从使前棹的人的指挥。水急浪险的时候，还要有人帮助打棹，叫"帮棹"。一张木排能顺利地放到下游，关键在于掌舵者（头棹）指挥得当，当然也离不开后棹和帮棹的密切配合。

漕排主要用来运送粮食，一只槽子可装二百石。槽子前后各装两把大棹，上方搭起白布棚，既可防雨又可宿人。每到清明前后，随着江水上涨，正是放槽子的好时候。每个排头前端，在运输方向有几根突出的木头，有专门的人在此负责把控方向，起到类似船舵的作用。这种槽子借洪水的迅猛之势顺水急驰，遇有暗礁和在水上的石头或小礁石，摆不好就排碎人亡。旧时流传着一句民谚："七十二行有三苦，放排、打铁、磨豆腐。"在四明山区，放排工作危险性最高。大溪和姚江上游俗话说放排是"铜帮铁底"。所谓铜帮，是说江水不管涨多高，漕排都像铜棒一样坚硬不会散架，像山崖一样牢固；铁底是说江底都是石头，没有泥沙。姚江全程一百多里，三步一礁，五步一哨，正如当年民谚说的："大溪接姚江，口子多，船工最怕是恶河。"

放排人（流把）把用鲜血和生命换来的放排经验编成顺口溜，代代相传。例如："密石、漂河、九条龙，走不好命就扔。到船厂，五节梢，响水石上挂挂号。""笑头砬子撞排边，忽悠一闪下阳关。""将军石，你别愁，紧打棹板认水流，拨正木排撞石头，保你平安过哨口！""扣水石，藏水间，木排上去就玩完；沉气把棹进旋涡，钻出水面抽袋烟。"这些顺口溜生动地道出了放排工人的血泪生活和他们的聪明智慧。由于生产力水平低下，流把虽然积累了和江河斗争的经验，但还是不能免于伤亡，因而对这些自己无法掌控的自然现象感到恐惧和好奇。于是，不同于经验知识的宗教观念就此产生。放排人认为，山有山神，江有江神，河有河神，并对它们顶礼膜拜。

祭神 流把信奉的神灵有许多种，祭祀方法也不尽相同，比较常见的是信奉山神、江神和河神。

江神和河神即一般认为的河伯，也有称"海神娘娘"的。柿林村村民并不细分具体的神灵，一律称为江神或河神。在四明山开江放排时，船主及沿岸各商号都要向江神致敬，鞭炮齐鸣，焚香叩头，求神保佑。还有拜龙王的习俗。大岚陡壁石阶上有一座龙王庙，庙中供奉龙王一尊，其左边为水神，右边为风神，左殿供牛王神，右殿供马王神。放排人到此要停排靠岸，供上酒肉，请龙王保佑。放排时，庙中的和尚击鼓助威。此外，放排人还祭祀元（鼋）神。祭祀时在江边杀猪设奠，神位用黄纸钱做成四个纸码牌，分别写龙王、河神、江神、元神之灵位。祭祀开始，先点燃成挂的鞭炮，烧成把的香，然后把纸码子也点着，再割一点猪头、猪尾肉，连同猪血扔进江里，祷告放排平安。祭完用大锅焖肉，大碗喝酒，庆祝新的一次放排开始。

禁忌 在自然崇拜观念的支配下，放排有很多禁忌。木排上禁说"翻""住""扣"等字。比如吃鱼不能说翻过来，得说"划"过来或"抬"过来。饭后筷子不准横放在碗口上。江上人把筷子比作木排，碗比作礁石，认为横放筷子木排会触礁。吃饭的饭碗不许掉入水中，忌"沉"，因此船工、排工多用葫芦瓢作饭碗，掉在水中不沉。另外，饭勺子不准扣在饭盆里。不懂的东西，在木排上不许乱问。有的漕排上有桅杆，村民认为是海神娘娘的旗杆，不许搂抱。放排时听见有呼叫声，不准随便回答，怕是淹死鬼在搭话。如宿野外，排头要朝山坡或朝东，象征是山神的朋友，即使飞禽走兽路过，也不会袭击。随着时代进步和社会发展，新中国成立后，放排只限于局部地区，这些祭祀、信仰和禁忌也已成为过去，很少再被人提起。

（四）烧炭工艺

四明山原始森林遍布，烧炭工艺历史悠久，源远流长。在北宋时期就有了筑窑伐薪烧炭的习俗，部分山民以砍柴烧炭为生，留有多处炭洞、炭小窑。炭分白炭、乌炭、青炭三种。烧炭曾是四明山区柿林村等山村的主要生产方式之一，一直延续到20世纪70年代。在生产过程中出现了伐薪烧炭业和竹、木、薪、炭的贸易市场。

新中国成立前，山区烧木炭者有本地人，也有来自天台、绍兴等地的受人雇用进山的贫民。进山烧炭要拜山神，在山里不得互相喊名字和叫"开饭"，村民认为这样能避免山鬼作祟。

烧炭首先得选窑址。窑址的选择非常有讲究，须选在山湾汇集的地方，山形应接近扇形，以便将所伐炭薪堆积在一起。此外，窑址的泥土必须是黏土，砂质的土壤不适合搭建炭窑。窑址选择好后，还要搭供人居住的厂棚。搭建厂棚须选择窑址附近避风、近水的区域。搭建厂棚的木材要直，架好人字形的架子后，三面用茅草铺盖到地，以挡风避雨。厂棚内亦用树木搭起床架，上铺茅草作为床铺，并用石头垒成锅灶。窑址选好、厂棚搭好后，接下来是建炭窑。

炭窑根据形状分为木梳窑和猪头窑两种。木梳窑形如梳头用的梳子，猪头窑形如猪头，为烧炭者所首选。猪头窑的窑底外低内高，里壁设烟囱三支，烟囱下大上小，底部低于窑底20厘米，四周砌有隔墙。在与山土交界处须用窑沙灰或黏土夯实，以免漏气。因为一旦漏气，炭烧好后容易复燃。炭窑建好后，就可以开始砍伐烧炭用的柴火。柴火的砍伐也有讲究，须朝山岗方向砍倒树木。一般选择栗柴、干漆砍伐，这两种柴火被村民称为"硬柴"。这类柴火烧出的炭颜色发青，分量重，俗称青炭。

炭薪准备好后，开始打窑和烧窑。打窑先是将阴干的柴火截为长短不一的柴段，树立在炭窑内，柴段排得越密集越好。接着将手臂粗的木材斫成三角形状的小块，大小如拇指，并堆放在窑内的树段上面，烧炭人将这些小木块称为"蓬枝"。"蓬枝"堆放好后，四周用松毛枝从外到内一圈圈盖住，俗称"蓬衣"。"蓬衣"堆放好后，四周再用泥土粘住，并用木棍戳捣夯实，垒成四周低、中央高的馒头状的土包。以上步骤完成，再在炭窑顶部挖四个脸盆大小的圆洞，叫"马洞"，并将炭窑的三支烟囱封死。

炭窑打好后，要请山神。山神的祭坛用三块石头堆成"门"字形，一般设在炭窑东北面略高的地方。祭祀时要备酒菜谢山神，并邀山主（山岭所有者）会餐。除点火烧炭之前要祭祀外，每个月的初一、十五作为祭请日，都要备酒菜给山神打牙祭，俗称"做福孔"。"做福孔"的祝词一般为"窑门点火，窑背伏马，点进满窑红；闷窑断火种，进窑柴一背，出窑炭八担"等。请过山神后，开始点火烧炭。炭窑点火须先从窑门处引火，使火势往窑内席卷，待整个窑内烧得通红时，仅留一个通风口，同时将窑门用黏土封死。炭窑的烟囱冒出烟，烟的颜色会由白色变成青蓝色，这时开始"闷窑"，并将炭窑的所有孔隙全部封住。最后从炭窑出炭，也是辛苦活。由于窑内温度入高，需轮班作业。出炭当口，用铁窑钩从窑内钩出红艳艳的木炭，并用窑沙埋盖灭火，就成了炭。

（五）山村采集

山村经济受高山气候、物产、交通等影响，具有山地特色。由于受自给自足观念的制约，传统文化在这里有较强的保守性、封闭性和孤立性。

四明山盛产山珍、山果、药材，春采野菜、竹笋，夏采草药，秋采山货、野果，冬猎野物。

自然采集　山区人民群众"靠山吃山"，什么时令采集什么、用什么方法采集都代代相传，形成许多特有的习俗和方法。采集所得俗称"山货"，成为山民赖以生存、换取衣食的重要收入来源。主要可采集的是果实、蔬菜类。旧时几乎每个成年的村民都具备采集野生植物果实的能力和技巧，如采集榛子、黄子、松子、野山笋、乌米叶、蕨菜、马兰头等果实、蔬菜，采集猴头菇、木耳、松蘑、榛蘑、草蘑、榆黄蘑、橙盖伞、鸡头蘑、花脸蘑、扫帚蘑、牛肝菌等菌类。猴头菇是柞树上的寄生物，形似猴头，较为名贵，常供宴席。猴头菇多两两对生，采山货的人找到一棵长猴头菇的柞树时，往往可以在附近找到另一棵。山里人常常爬到几丈高的柞树上去采猴头菇，然后晒干贮藏。草蘑形似圆圈，村民称之为蘑菇圈。

采集草药　余姚山民素有种药、采药的习俗，山区里也有"无人不识药，无人不采药"的说法。现在的山区更是无户不种药，形成了草药种植专业村。四明山草药众多，又是道家名山，有"升仙桥""撒药岭"等景观，传说东汉时期刘纲曾在此采药炼丹，至今这一带山区还流传着服仙丹可升天的故事。采草药一般从清明前后开始，这个时间万物萌生，草木勃发。古人早就有清明用草药洗浴身体的记载。《周礼·春官·女巫》载："女巫掌岁时，祓除衅浴。"郑玄注解为："岁时祓除，如今三月上巳如水上之类。衅浴，谓以香熏草药沐浴。"时至今日，民间一些地方还存在以花草洗浴的健身方法，如宁波民间就认为在清明将桃花撒在水中洗脸可以使人漂亮且不行桃花运。因为村民认为行桃花运的人要破财、克子、丧夫或丧妻。桃花运的说法自然属于迷信，但用桃花洗脸确实有一定的根据。根据《本草纲目》的记载，桃花具有止鼻血、治目黄无光的药用价值，还可使肌肤红润。如今，余姚民间还有在清明挖食葳蕤的习俗。葳蕤是一种中药，有滋补的功效。清明采集的草药还有地锦草、马蹄香。传说这一天采的地锦草有益气止渴、除热利筋的功效。这一天采的马蹄香能医治风寒逆咳，起到止喘化痰的作用。《本草纲目》中说马蹄香"能散风寒，下气消痰，行水破血"，肯定了其药用价值。村民间流传一种用马蹄香治牙病、腹痛、头痛的良方，认为在病痛时嚼食马蹄香细根，不久便能止痛。

（六）禽畜饲养

村民饲养的家畜主要有狗、猪、羊、牛、鸭等，目前以农户散养为主，作为家庭经济收入补充。

旧时，柿林村有山王庙，附近村落有牛王庙，村民多去拜祭以求六畜兴旺。村民现在仍旧有养猪的习惯，有的还专养母猪繁殖仔猪出售。1958年"人民公社化运动"后，生产队均办农场，以集体养猪为主。1983年农村实行家庭联产承包责任制后，集体农场停办。随着生猪市场开放，商品化养猪专业户兴起，原有散户养猪的传统被改变。羊历来为农家自繁自养，有绵羊和山羊两种。兔饲养量少，新中国成立前，村民主要养肉兔以自食。新中国成立后，养兔业有所发展，20世纪80年代中期，城乡一度兴起"要发财，去养兔"的言论，以养长毛兔为主，因兔毛价格疯涨。鸡、鸭、鹅的饲养极为普遍，并有自繁自养的习俗，大多以自食为主。20世纪80年代开始，饲养专业户兴起，家禽饲养业逐步专业化、规模化、产业化。村民买猪购牛都选择吉日，冬至过后，逢亥年不杀年猪。农民多忌食牛肉，不准乱宰杀牛，因为怜其辛苦，故牛老死均予埋葬。辛勤的农家人重视家庭副业，多饲养家畜以求增加收入、改善生活。

养牛 "牛是农家宝"，村民们对牛非常重视。春节时，村民会在牛圈栏上贴"六畜平安"字样，或贴一张平安符。初春则用草籽拌切碎的稻草饲之，称"稻花草"。清明后开始放牧，称"放青"。首次放青，多于牛角挂红丝绸以求吉利，还要饲牛粥、牛酒。"人民公社化"时期，公社给每头牛配发5斤的"牛酒票"，和人喝的酒一样凭票供应。还有卖牛不卖牛绳的风俗。冬至日，牛主为报答耕牛，用甜丸粘于牛头牛尾，表示与主人一同过节。冬天，给牛吃干稻草，饮热水。母牛发情配种后，主人会送红包给公牛主。如果自由配种，主人知道后会给牧童红包并送饲料给公牛。母牛养小牛，三朝平安，牵出栏散步，来到田间，套上犁耙，象征性地犁田数圈。牛牯阉割、小牛穿鼻都需请专门的人做手术，并送红包。

养猪 民谚云："百姓不饲猪，穷了不得知。"农家多以养猪为主要副业。

旧时建猪舍，有请泥、木匠在家中食点心的习俗。食者须将点心全部吃完，以求此后所饲之猪"吃口好"。买小猪须带一束猪窠稻草，称"千斤草"，以求猪以后长得好，重达千斤。出售或宰杀成猪之后，须以酒肉敬谢"猪菩萨"。养母猪要请"猪栏菩萨"。出售仔猪亦要在猪栏前设供，焚香烛、烧纸元宝。大猪出栏时，主妇在大猪的颈项拔几根鬃毛丢回猪圈。买猪者要笑着说："大嫂手头红红，养猪只只大。"母猪配种结束后要用竹鞭子打母猪后臀数下，说："顺顺十二只，生仔牛咯大。"村民认为属虎者不能看母猪养小猪，因为猪虎犯冲。小猪生病要给母猪服药，让药通过母猪乳汁喂给小猪。将药拌进饲料，盛于盆内放在地上，男主人跨过去，然后女主人喂之。

卖猪、杀猪后，要在次日早上用猪血、猪肉拌咸菜一起煮半锅，一户一碗送去。邻居接过来不用回礼，就笑着说："财气，又卖猪了。"对长辈则要煮一碗猪肝酒送去表敬意。

养猫、狗 晚上要把狗喂饱，让它守夜。猫晚上要少食，督促其捉老鼠。家里如果先有狗，之后才来猫，女主人要抱猫到狗前拜三拜，并祝曰："先来阿哥慢来老弟，和睦相处，各司其职。"夏至要给狗、猫洗澡，寓意健脚骨、不生病、不生虫。还要给狗颈圈上挂一条七彩丝线，给猫耳朵穿一条红线或挂一条红布。

养鱼 捕鱼养鱼的水域俗称"鱼荡"，养鱼者俗称"师傅"。一般春季放养鱼苗，至冬季则用大网"牵鱼"（捕鱼）。村民把渔民称为"温笃公"，他们熟谙水性，有捕鱼绝技，能于寒冬腊月脚划扁舟，或以一童于船尾撑楫"捉梢"，赤身泅入水底徒手捕鱼，出水立刻钻入火钵烘热的棉被，待继续作业。

养鸡、鸭、鹅 除鸡、鸭等常见家禽，20世纪70年代养鹅成风，祀神用"鹅盘"，待客用"鹅酒"，结婚用"喜鹅"，扫墓用"坟鹅"，过年用"年鹅"。临近春节，则户户以精饲料肥育，俗称"栈鹅"。孵鸡、鸭、鹅忌搅动粪缸，以免"盘头"（孵不出来）。孵出后把蛋壳倒入粪缸或挂在粪缸边，以告孵化成功。

牛、羊、猪是山里人的命根子，衣、食、住、行都离不开畜牧。每年春、秋有祭祀畜牧保护神——"龙王"的习俗。柿林村村口现存的土地庙，就是祭祀龙王、土地神的地方。

（七）狩 猎

柿林村丛林遍布，各类动物众多，村民有狩猎的习俗。狩猎之前，猎民有供奉山神、猎神习俗，以祈收获丰盛。狩猎方法有以下几种。

犬捕 猎人以犬探猎。犬发现猎物，猎物即以极快速度缘树而逃，犬跟踪而至，狂吠不已。如野兔会逃进土洞或山岩中，猎人或掘土或烟熏，将其捕捉。

网捕 猎人跟踪野兽的足迹（因多在冬季捕猎，雪地上踪迹明显），发现它们的巢穴和路径，在其洞口或必经之路上张网，再以烟熏，野兽就会落网被擒。

弓捕 猎人根据猎物活动路线，放伏弓（一种可触发的地箭）在路上，猎物路过会中箭。

碓捕 这是一种古老的捕捉法。猎人将排子、关子、夹子装好，安上机关，装好诱饵，放在猎物经常出没的地方。猎物一旦被引诱，就会触动机关，即被捕获。

铳捕 近代狩猎已用火枪（又称猎枪）代替弓矢。好猎人可以枪击貂等动物的头部而不损其皮。

猎犬训练 用猎犬捕捉野兽，驯养猎犬是从幼犬开始的。猎犬是一种细腰、宽胸、长腿、小头、嘴粗、毛短、尾直型的白色或乳黄色的犬，俗称猎狗。驯养方法是把野兔肉剁碎，放在木板上，将肉丝和筋条剁进深深的木纹里，让小幼犬舔着吃，这是为了将狗训练得唇厚齿坚，舌头粗而有力。为了防止幼犬前腿弯曲变形而影响奔跑速度，还要打上"腿绊子"（八寸到一尺左右长的木棍）。幼犬长到三个月的时候要开始调驯，十个月左右开始戴皮脖索，皮脖索上有针，以防野兽咬伤。一岁的猎犬只能观猎，不能捕猎，以防累伤。这样特殊驯养出来的猎犬体形修长、健壮力大、嘴齿有劲、反应灵敏、跑速极快且有耐力，敢于和野狗、狼等凶兽搏斗。猎人按犬素质的不同，令其承担不同的使命，如嗅觉灵敏的专管寻踪，能跑而有耐力的专管追赶，善于扑咬的负责捕获。

（八）文化教育

柿林村素有崇教之风，留存至今的明清建筑的墙头上，还依稀可见"耕读传家"等字样。在村口的沈氏宗祠里，悬挂着柿林人引以为傲的"文肃世家"等匾额，是历代村中人获得的表彰。新中国成立后，特别是改革开放以来，柿林沈氏这个大家族中，考入北大、清华等重点大学的就有16人，考上大学的有上百人。这些从大山深处走出去的学子牢记古训，谦虚、勤奋、好学，不少人已经成为其领域的领军人物。

沈氏私塾　由沈太公创办，设在沈氏宗祠，是旧时沈氏家族所办的学校，所授内容以儒家思想为中心，是古代私学的重要组成部分。祠堂老屋的侧屋是私塾教学的地方，从前又叫沈氏家塾，专门供村中同族的子弟念书。新中国成立后，成为村民开办夜学和扫盲班的场所。

村里历代考中秀才的族人，大部分都是在祠堂私学开蒙的。上课的先生又叫塾师，一般为一人。年幼儿童先识"方块字"，识至千字后，教读《三字经》《百家姓》《千字文》。教法大多为先让学生熟读背诵，然后在适当的时候逐句讲解。除读书、背诵外，还有习字课，从先生扶手润字开始，再描红、写映本，进而临帖。学童粗解字义后，则教以作对子、作诗。"四书"读完后，即读"五经"，兼读古文。山区文化教育落后，识字的人不多，私塾以教授村人识字为主。后来由于科举取士深入人心，学塾也开始重视制科文字（八股文）的习作，为科举考试做准备。学规极严，制定有严厉罚则。

梦溪草堂　梦溪草堂是古代书院，现存民国建筑，总面积为500平方米。其中书院建筑面积为80平方米。草堂在村北口，是由山门、广场、甬道、学堂组成的一座古建筑。这个地方原来有三间茅草房，相传是沈太隆来柿林村后读书、休息和会客的地方。据说沈太隆为了纪念他的先祖沈括，同时也为教育后代向沈括学习，而给此地取名叫"梦溪草堂"。由于年代久远，茅草房已不复存在，现在重建了砖瓦房。草堂门口有当代作家余秋雨撰写的文章，镌刻在山门石碑上。

"千古雄谈文有脉,一溪幽梦笔生花。"这副对联是对柿林沈氏先祖沈括《梦溪笔谈》的褒奖。沈括(1031—1095)生于杭州,是北宋杰出的科学家、政治家。其著书于镇江,因著书的地方有一溪,名"梦溪",故将著作命名为《梦溪笔谈》。

沈太隆以他的先祖沈括为楷模,身体力行,言传身教,培养了柿林村耕读传家的光荣传统。

如今为加强古村文体教育基础设施建设,政府投资新建了村文化宫、村文化广场、红色回马亭、丹山古道、柿林村寨门等设施,还新添了村民健身场所及健身器材。村口广场也新建了村办公楼,专门成立警务室、医务室,确保村民和游客的安全和健康。

(九)旅游产业

柿林村利用山林资源开发旅游业,生态旅游产业已成为主要产业。目前,柿林村年游客量达60万人次,有农家乐饭店29家、民宿9家。通过"严格管理抓质量、优化服务增收入",柿林村充分挖掘红色文化和风土人情资源,成功举办和承办了多届"丹山赤水柿子节""四明山红色旅游开游仪式""余姚市电影节"等大型节庆活动,在丰富村民精神文明生活的同时,更提升了丹山赤水景区的知名度,使柿林村成为一处有名的、历史文化特色鲜明的美丽山区古村。随着新农村建设步伐不断加快,村民生活水平明显提高。

柿林村以规划为先导,以保护为原则,积极建设社会主义新农村。2003年编制柿林古村保护规划,严格按照规划分步实施。现已经完成对村内主要干道的硬化,硬化率达到100%。为加快旅游事业的发展,2003年,村投入100万元建造柿林村至白鳖洞的旅游专线,投入资金50万元新建广场、停车场,改建车站。针对群众生产生活用水难的问题,2005年投入25.14万元改造、安装从蜻蜓岗至柿林村,全长2442米的自来水管道。近年来,在全面整治村庄居住环境的基础上,完善环卫基础设施,建立健全长效保洁机制,新建3座公厕,清除全村228个露天粪缸,新建一个垃圾中转站,建立一支村环卫清运工人队伍,对全村溪流、巷弄、家庭卫生及景区内的卫生进行日常保洁。全村自景区开发以来，先后共投入1000多万元，拆除危房旧房22间，对沈家客栈、村办公室、祠堂、醉仙楼及部分民房等进行一期、二期改造。同时，积极挖掘红色文化旅游资源，建成四明山区第一党支部旧址陈列室，被授予"宁波市爱国主义教育基地"称号。利用道教文化，开发四明山道观旅游专线，在山崖壁道上开辟"四明道观栈道"。

宁波传统村落田野调查·柿林村

四 物质文化遗产

（一）民居建筑

柿林村由峙岭、小岩岭头、黄泥岭三个自然村落组成，地处四明山中心地带，村落分布在半山腰的高山台地上，四周环山，南为小马坪山，西为狮子岩山，东为冬瓜垄，北为小岩岭。村内留存有清晚期至民国时期的庙宇、民居建筑，及桥梁、碑刻、古井等人文景观，譬如沈氏宗祠、"耕读传家"老宅、新丘里、四明山第一党支部旧址等大型宅院。住宅大多依山而建，鳞次栉比，层层叠叠，错落有致。和大多数中国传统古村落一样，由于山中平地有限，屋与屋之间距离很近，村中巷弄非常狭窄，伸手便可碰到两边石墙。柿林村中主巷弄为三横三纵，即古井路、沈祠路、御碑路、牛引弄、水坑弄、岭头弄，均以鹅卵石及丹石片铺成。古井路连着全村上千人赖以生存的古井，沈祠路的顶端是沈氏宗祠和莲峰庵，牛引弄和御碑路可直通村东峡谷，到著名的丹山赤水风景区。

柿林村的建筑独具魅力。"青砖黛瓦石头墙，飞檐翘角坡屋顶。"民居多以山石垒墙，青砖灰瓦，有条石门、天井等结构，祠堂、书院、庙宇和公共设施也大多如此。墙面多为清水墙、卵石块，用"蓝灰勾线"的方法砌墙，青砖平放为"眠砖"，侧竖石垒砌为"斗砖"。垒墙的时候或"眠砖条石到栋"，或"一斗一眠"。据说，后者比前者要节省三分之一的砖料。有的民居还外面用青砖，里面用土砖、黄泥以节省花费，所谓"里生外熟"模式，一样能遮风挡雨。这些老宅一站就是近百年。

住宅主要有三合院和单栋条形楼房。三合院均坐西朝东，南、北、西面各有一幢两层的楼房，楼下为前厅和后厨，楼上为卧室。东面设一道矮墙，内院地面用条石砌出台阶，院中心则铺以鹅卵石或小片丹石。无论三合院还是单栋楼房，一般均为单数开间，正中一间为堂前，供祭祀及红白喜事用。

现存民居房屋多用土、木、石等材料共同建造，为穿斗式构架，外墙用当地开采的丹石干砌，腰檐以上仍用青砖，后饰粉墙，顶部采用人字马头墙形式。门前均有两米多宽的厦廊，雨天行走可不湿鞋，夏天还可以在下面吃饭纳凉。在外檐的斗拱、月梁、梁头、牛腿、雀替以及门窗格心、绦环板、窗闩、栓斗等部位有木雕装饰，有人物、瑞兽、四君子、暗八仙等图案。

巷道民居里的天井有很多充满诗意的名字。元代文学家戴表元曾来柿林村观景，写下诗篇："七里黄泥红树冈，西风果熟一村香。居人只道山深好，三百年来是战场。"旧时柿林山区多强盗、山匪，周边曾经是四明山区主要匪巢之一，也是明末清初浙江"天地会"的活动中心，是浙江抗清的主战场和大本营。这样的情况下，男人外出耕作，留下妇孺在家，为了安全，房子大多是封闭式的，要解决采光、通风、排水等问题，唯有设计天井。天井上通天，下接地，"四水归明堂"，聚千财、纳百福。有了天井，关起门来家里雨天绣花鞋不湿，晴天有艳阳照身，夜里躺在卧榻上还可赏月观星。天井的排水口多用铜钱图案，寓意财源滚滚，村民间还流行养一些乌龟来疏通水道。在民居中，还出现了高位采光的"天窗"，就是在墙头顶最高处开一个小窗，既能增加采光，也能通气。这是民居的革新，也是山里人的智慧。

柿林村建筑的另一特色是将传统信仰融入建筑。泛着油光的通花隔扇、镂空雕刻、朱栏画栋富丽堂皇，木雕的祭桌、兽首柱脚古拙凝重。柿林民居装饰注重体现传统民间文化特色，附在民居建筑上的精美雕刻内容是山民耳熟能详的故事传说，体现出四明山区的特色。雕刻内容有神话传说、道教传说、历史典故、山水园林、百鸟朝凤、仙鹤祥云、花果禽兽、钟鼎神鼓等，寄托了村民祈愿生活美好、平安幸福的情感。雕刻手法有线刻、浮雕、镏金雕花、彩绘贴画等。窗户以石窗为主，形状千姿百态，有的窗格嵌以"福""禄""财""喜""寿"等字形，真是"天工人可代，人工天不如"。此外，在个别民居的屋顶两边、大门廊厅的柱子上方，可以看到雕刻精美的鳌鱼，其形状惟妙惟肖，有"独占鳌头"之寓意。

（二）沈氏宗祠

沈氏宗祠位于柿林自然村西南角，是一处占地一亩左右的古建筑群，粉墙黛瓦，庄严肃穆。宗祠坐南朝北，面向古村，是一批保存完整的砖木结构古建筑。总面积522.75平方米，2001年5月公布为余姚市重点文物保护单位，产权属集体，是宗族祭祀、看戏、教育的场所。宗祠外有一方小水塘，宗祠和水塘间隔着一堵八字形的照壁（按当地的说法，一般祠堂的照壁只能建成一字形，沈氏宗祠之所以被允许建成八字形，是因为祖先出过贡元）。照壁与主体建筑之间是一个相对封闭的门前空间。祠堂主体为一个四合院落，由前厅和后进五开间的正厅以及左右厢房组成。前厅正中是两扇厚重的黑色大门，大门顶的匾额上书"沈氏宗祠"四个大字。前厅两侧设便门两扇，右侧便门上方有"贡元"匾一块。大门内坐北朝南、面向后进正厅架起一座古戏台。戏台突出于合院，为歇山式屋顶，檐角飞扬，具有一定的历史文化价值。每逢过节，请来的戏班子就在这戏台上演出绍兴大班和笃班剧目。

后进檐下正中挂着"文肃世家"匾额。据《浙江通志》记载，沈氏家族第24世孙沈括官至龙图阁大学士，第29世孙沈绅官至翰林院直学士兼给事中，授少师衔。两祖死后，均被北宋皇帝谥为"文肃公"，这就是"文肃世家"的来历。南宋高宗皇帝曾御笔亲敕沈氏后代为"簪缨继世，科第传家"。檐下左首悬"玉洁冰清"匾，是朝廷为表彰绍能公姚氏孺人"青年守志，操同松柏"的事迹而御赐的。清道光十一年（1831），姚氏嫁到柿林村当天，其夫在察看祖坟时，不幸被老虎拖走。新婚丧夫的姚氏没有再嫁，而是孝敬公婆，照料侄子，直至晚年双目失明，还留下遗嘱把家产赠送给侄子，其节孝感动了朝廷。檐下右首"钦旌节孝"匾是赐给景公徐氏孺人的。

还有两块节孝匾，分别挂在中堂两侧。一块是光绪元年（1875）浙江巡抚奉旨为胡太孺人作的，另一块是光绪二十三年（1897）五品同知绍曾上表奏请表彰万丰公黄氏孺人的。后进正厅正中挂有"忠清堂"匾额，黑地金字，古朴遒劲，出自鄞县毛玉佩之手。堂名历来有两种解释。照字面意思可以理解为忠于清王朝，另有一说，见光绪三十一年（1905）七月，上虞黄钟翰所撰《续修宗祠序》："其额曰忠清堂，盖知其先人命名之意有余味焉。""今沈子惧长幼之易于错杂也，必先寻其绪而后表其目，一有不明，虽汗流浃背而不病劳，非忠而何；恐存亡之多所脱漏也，必欲征诸文而又考诸献，一有所疑，虽遍户采访而不厌烦，非清而何，忠且清，而犹病其私焉偏焉……今沈氏忠其事，清其源，无愧乎衷，无负乎祖宗，忠清命堂之义焉，得矣，何有他求哉。"

忠清堂两侧原有柱联一副，因早年遗失，内容不详。后有沈远波（柿林村人，毕业于北京大学，曾任余姚日报副总编）撰文、沈建农（村里最善书法的村民）

书写的柱联一副，悬于原处。其联曰："历姬周嬴秦刘汉李唐赵宋诸朝授武职谥文肃屡建安邦利民千秋业，经西岐汴梁钱塘会稽余姚各地觅佳境择仁里终成赤水丹山万世居"，将沈氏起源、历代祖先文治武功及迁徙定居行状全概括在56字之中了。

沈氏宗祠始建于道光四年（1824），当时只有后进正屋五间，至道光十五年（1835）又建前进五间，但均未告竣。至咸丰二年（1852），将几近废弃的前后进正屋修葺一新，并配建左右厢房及阶砌、照墙、台门等，工程才算告竣。此后又经多次修葺，现存祠堂是1990年重修的。宗祠后进靠南墙的位置原供有历代祖宗牌位，正中最高处供奉着沈太隆的牌位，然后按元亨利贞四派排列，昭穆有序，可惜在"文化大革命"中以扫"四旧"之名被焚。那时村民每到农历七月十三都会祭祖。每年做冬至羹饭时，族长、家族中四支后裔的负责人及各支后代中的重要人员代表相聚在祠堂，报告一年开支账目并商讨第二年公用设施修缮等事宜。与外村发生纠纷及本族成员犯了众怒，也都到祠堂，由族长和族中有威望的人商量解决处理。

（三）柿林村代表性建筑

望溪路沈氏老宅　此老宅为清代所建，总建筑面积为612.5平方米，典型的土砖瓦两层楼建筑，呈角尺状的90度。目前此宅台门、天井布局仍保存完整，且木雕艺术精美。2014年被公布为余姚市第五批文物保护点。

上堪沈氏墙门　此墙门为清代所建，总建筑面积为347.2平方米，用当地开采的丹石干砌而成。该小院位于古井弄和沈氏路之间，因处在沈氏路的上侧，故称其为"上墙门"。它由水坑弄向西延伸，登数级台阶，便可见一醒目的木柱瓦顶门楼，两旁有丹石砌的围墙。入内是一小院，院中只有朝西的主房，西厢是柴房和茅房。2014年被公布为余姚市第五批文物保护点。

莲峰庵　此庵为清代所建，总建筑面积为243.25平方米，用当地开采的丹石干砌而成。整栋建筑为土瓦顶，砖木结构，用于拜神祭祖。建筑结构保存完整。据传大岚镇原为一莲花之地，而柿林村里莲峰庵的所在地正是莲花之蕊，赤水桥上的莲花图案可能也与此传说有关。

新丘里沈氏七间楼 此楼为大型村民聚居民宅，是两层木结构建筑，建于清代，总建筑面积为278.6平方米。至今保存完整，仍在使用。

回马亭 古道凉亭，因1945年日军扫荡四明山到此地，山高岭陡，无法进村扫荡，不得不回头而得名。现存为砖瓦建筑，共两开间，占地20平方米，坐落在村东南侧村道。由宁波卡酷动画公司以回马亭故事为原型，出品的红色抗战主题动画电影《回马亭》，入选了国家文化部扶持项目。

农家豆腐坊 民国时期建筑，占地约200平方米。"呼噜噜，呼噜噜，半夜起来磨豆腐。"豆腐坊为古老的三间两面三层老屋，坐落在村子中央，内存有古老厚重的石磨、粗大的纤绳、磨坊、豆腐灶台、传统制作器械，采用原始的制作工艺，制作原汁原味的民间豆腐。

御碑亭 于2000年修复，亭内奉有御碑，碑文为"丹山赤水洞天"六个大字，字体为瘦金体，相传是北宋皇帝宋徽宗亲笔所题，故称"御碑亭"。建筑面积为10平方米，坐落在村子中央。

四明山第一党支部旧址 革命遗址坐落在村子中央，是大型民国风格四合院建筑，其中布展区为200平方米。旧址纪念室由中共浙江省委原书记、抗战时期在柿林村战斗和生活过的薛驹同志题名。1938年夏天，中共余姚县工委书记陈小平派刚从中国人民抗日军政大学学成回来的共产党人楼明山以教书的名义到柿林村开展活动，秘密宣传革命理念，在进步青年中发展党员。沈功钿是柿林村最早被发展为中共党员的进步青年。为广泛发动群众、掀起抗日救亡运动，1939年5月，时任山区特派员的朱之光与谢汝昌秘密来到柿林村，在村对面的鹰窠斗山上主持成立了四明山区最早的党支部——中共峙岭（柿林）村支部，由沈功钿任书记。到该年底，支部共有党员12名。到1943年8月，中共在四明山区建起了34个党支部，发展党员182名。

（四）道教宫观建筑遗存

柿林村丹山是四明山道教的中心地，是天台山、普陀山道教的祖庭，以四明道观为中心，自两汉以来久负盛名。历代道士在此修炼，使道观建筑和派生出来的祭祀建筑不断扩大，与当地民居建筑融为一体。

两汉时，道教创立并发展。追求修德养性、学道登仙之士往往远离尘世，遁迹山林，因此人迹罕至、幽深僻远的名山洞府成为他们潜隐默修的理想归宿。世人则以为这里是仙人居留之所、参神通天之境、祥瑞多福之地，也都在此兴宫筑观。于是这里逐渐成为人们游憩赏览的佳境胜地。晋朝时期的木华，曾游余姚四明山，有《丹山图咏》存世，说明丹山至少已有1600年的历史。盛唐道士司马承祯（647—735），21岁入道，后游天下名山，留下许多著作，所撰《洞天福地·天地宫府图》，将天下名山划为"十大洞天、三十六小洞天、七十二福地"，四明山为三十六小洞天中的第九洞天。"第九四明山洞，周围一百八十里，名曰丹山赤水之天，在越州上虞县，真人刁道林治之。属上仙所统治之处。"唐末五代时，缙云人杜光庭（850—933）应九经举，不第，入天台山学道，一生著述丰富，所撰《洞天福地岳渎名山记》，仍以一百零八处洞天福地排定先后次序，除七十二福地有一些变动外（现存版本仅七十一处，较司马承祯所列又有若干处增删，或与200年间的某些变迁有关），十大洞天仍如其旧，三十六小洞天中，四明山仍位列第九。"四明山，丹山赤水洞天，在越州余姚县，刘樊得道。"唐天宝三年（744），玄宗遣使祭祀，移祠于刘纲、樊云翘学道处（今余姚梁弄镇白水冲），故杜光庭在著作中易刁道林而作"刘樊"。到北宋政和六年（1116），信奉道教的宋徽宗为丹山御书"丹山赤水洞天"，丹山在道教洞天福地中的地位自此稳定。

1. 道 观

四明道观 在丹山赤壁山崖之上，高耸的四明道观是一座崇祭道教三清的道教宫观，也是四明山、宁波、舟山、天台一带的道家活动中心。三清大殿中供奉着神态端庄的三位尊神，这就是道教的最高神"三清"。"三清"即玉清元始天尊、上清灵宝天尊、太清道德天尊，为道家"三一"学说的象征。宫观是道教信仰的产物，为道教举行活动和供道士栖息而建，起着展示道教面貌的作用。在古代，宫观的节日往往就是民众的节日，庙会便是一种庆祝宫观节日的约定俗成的形式。

由于种种原因，山区道观相继倾圮，信道的民众因失去活动场所而散布民间。据有关资料记载，余姚县在民国二十一年（1932）时，尚有正式道徒282人，多为在家的火居（火炬）道士，大多数道士隐居在柿林、大岚、梁弄一带。20世纪50年代初，有道士班数家，各家均拥有法器、经文、袈裟、锣鼓、管弦等，为人荐斋、送殡、招魂、逐煞、做道场、放焰口等。

现存的四明道观为清朝重修、民国时期再修、2002年重建的建筑，砖瓦结构，共三开间，由山门、玉皇殿、灵官殿、广场等结构组成，面积为1220平方米，是浙东道家神宫圣地。唐朝道家杜光庭所著《洞天福地岳渎名山记》载："四明山，丹山赤水洞天，在越州余姚县，刘樊得道。"

白水宫道观 又名祠宇观，可容三五人，传说是白公诵经问神之所。据村民说，东汉时有下邳人刘纲，原为上虞县县令，后因喜爱四明山水，便弃官偕夫人樊云翘拜白公为师，向他学道炼丹。刘、樊二人在学道过程中常切磋道术。最后得道成仙时，白公也脚踏祥云来到大岚，口称"尔等夫妇道心精诚，心地善良，已成正果"。说完，刘、樊二人在大岚山顶白日升仙。刘纲先上皂荚树而上天，夫人则平坐云气，冉冉飞举。传说虽然离奇，但足见此处山水灵秀。

唐天宝三年（744），唐玄宗遣使祭祀，因大岚地区山高路险，特令道士崔街和处士李建将位于大岚的白水宫道观移建到潺湲洞外刘、樊修道的故居。宋政和六年（1116），宋徽宗下令扩建白水宫道观，增建玉皇殿，并书"丹山赤水洞天"匾额，悬挂祠内。元代，道士毛永贞来主持白水宫道观，见洞下石滩广阔，滩上多菖蒲、河车、芝草、苍平耳属等药材，生机盎然，将其取名为石田。在此试种水稻，亦有一二成收获，因此在旁建石田山房，焚香修道。据近年考证，白水宫遗址有两处，一处在白水冲上游道士山南麓，面积小，遗物少，为白水宫旧址。另一处在白水冲下平坡上，遗物较多，尚有大枫树十株、九龙松一棵、泉井一眼。

2. 其他道教建筑遗存

炼丹洞 位于村内丹山溪边，是唐宋时期遗存的建筑，依山体自然形成的洞口而建，是道士活动场所之一。洞口有丹鼎，传说为道士炼丹的地方。

太上老君石 地处丹崖平台的山顶丘陵处，是太上老君的头部雕像。雕塑棱角分明，有种宁静致远的安详之感。

天机坪　是位于四明道观后山门的一片平坦的开阔地。道家认为此地为四明山中心之地，是修道之人吸纳天地灵气、洞察宇宙万象的风水宝地。

天机坪四角各有一个柱子，柱上雕有龙，托起一横一竖两个大圆和无数小圆，圆下是八卦图。

聚仙亭　位于四明道观，丹山之上台地，是丹山赤水的最高点。相传，此地为各路神仙聚集的地方，八仙经常聚在此地。坐在亭中，整个赤水溪的秀丽风光尽收眼底。

撒药台　村北的古道上有一自然形成的平坦山岩，被村民称为撒药台，通海曙、奉化地界。传说八仙之一的吕洞宾在此撒药救民，从此山地丛林有了多种自然生长的草药。

土地庙　位于赤水桥之东，丹溪古道上，柿林村四明道观山崖脚下。旧址上曾进行过多次修缮，现存建筑是在清朝时重修的，为三开间砖木结构民间庙宇建筑格局。建筑保存完整，供奉土地神，至今仍有香火祭祀。

（五）古桥、牌坊、古碑、古井

赤水桥　古代桥梁，建于丹溪之上，丹山赤壁之下，于清朝咸丰九年（1859）重修。桥东有土地庙，桥西有长廊亭台。2005年被公布为余姚市重点文物保护单位。

丹山赤水牌坊　是进入柿林村的第一座石牌坊，于清时重修，抗日战争时期被毁，1999年在原址重建。位于进入村口的主路，横跨道路中央，四柱三门，面西背东，四柱下均有两石鼓加固。三门之中，中门宽15米，上有两道横梁，无雕刻，横梁中间夹有一块长匾，是由书法家胡丁撰写的"丹山赤水"。两侧石柱写有楹联："刘阮遇云缥缈仙踪九洞天，青道行咏逶迤诗路四明地。"由魏振纲书写。坊柱石顶头均雕有云纹石刻。

鹰岩洞牌坊　位于村东山道盆地，于民国初期重修，抗战时期毁于战争，2000年又重修。牌坊为民间简单二柱一开门结构，左右柱脚为四方石墩，主门上方有两根厚重的横梁，顶层雕有二龙戏宝珠和凤凰穿牡丹图案。在横梁的中间，赫然写着"鹰岩洞"三字，是旧时通往四明道观访道之路。

这是一座具有传奇色彩的石牌坊，关于它来历的传说颇为有趣。从前，传说鹰岩洞是一对神鹰修仙飞天的地方，清朝时候，附近有个强盗出身的绿林好汉，占了鹰岩洞的山头，领了一帮人占山为王。有一次，好汉遇到四明道观的道士，在这位隐世高人的劝解下，他改恶从善。兄弟们也"放下屠刀"，在他的领导下做起了烧炭、伐木的生意。村里百姓为了纪念他们的改过自新，修起这座牌坊，劝人为善、学道改过、重新做人。

洞天胜景石牌坊 是通往四明道观的山门牌坊之一，也是柿林村地标性的石牌坊。古牌坊建于明朝时期，重建于清乾隆年间，复修于2000年。二柱一门，底部长4米。二柱下均有两石加固，门上有两道横梁，横梁中间夹着一块长匾，写有"洞天胜景"。牌坊两边石柱有楹联："云蒸霞蔚疑是三清仙境，壑隐泉清岂非世外洞天。"

九曲鸿运道石牌坊 是一座石头牌坊建筑，上书"九曲鸿运道"。位于村北入口处，相传是白道士引化东汉刘纲、樊云翘夫妇得道升天和唐玄宗遣使祭祀的地方。于抗日战争时期被毁，2000年在原址重建。传说刘、樊夫妇曾在此修炼，飞天成仙，民间为沾仙气、喜撞九曲鸿运而命名。北宋时已有古牌坊遗存。所在古道长1千米，铺设层层叠叠石步阶，依山坡而上，平坦路面中铺卵石，一直通向丹山赤水，也是连接海曙的交通要道。

节孝碑 此碑位于柿林村村口，是一块碑幢刻石，立于道光十一年（1831）三月。碑文为"钦旌节孝"四字，是清朝道光皇帝为表彰沈明忠之妻的节孝行为而御赐的，保存基本完整。

附：残存清朝古碑刻铭文

古碑刻一方，立于柿林村村口。碑刻文字如下：富廿八号明宗字子宪，生于崇祯四年，卒于康熙四十五年，续大路吴氏法名一心，青年矢志白发全贞，于道光十年蒙刘中丞彬士奉旨钦旌节孝给银建坊载志入祠，享年七十五岁。

柿林同心井 位于古井弄与大堂前西入口交界处，是村中古井。井水清澈纯净，冬暖夏凉，是全村人的饮用水源，有"一村一姓一家人，一口古井饮一村"

之说。

　　同心井相传是柿林村第一代太公亲手所挖，一直是村人和睦相处、同舟共济的纽带和象征，因此得名"同心井"。井不大，呈半月形，东北面敞开，其他三面用石墙围护。井水深约2米，水面2平方米左右，一年四季井中水温变化不大。即使在干旱之年，井中也总有一汪甘冽的井水，未闻有干涸的时候。高山台地上的水井常年有水，说明其所处的山体不仅含水丰富，而且有良好的森林植被和水土保持。古井虽然不深，泉眼也不大，但是全村两百多户村民的饮水基本上由它供给。尽管现在村里家家户户都装上了自来水，人们还是喜欢挑这口井里的井水饮用，自来水只用作日常洗涤。

　　村民认为不仅活着的人要饮用井里的水，死去的村民在阴间也离不开这同心井的水。不同的是活人用水免费，死人用水则要付"买水钱"。因此井底的卵石间常零星地夹杂着一枚枚硬币，这些也是往者的遗属祭奠先人的一种方式。

宁波传统村落田野调查·柿林村

五 非物质文化遗产

（一）工艺技艺

1. 编织工艺

柿林村山地毛竹、野生藤蔓资源丰富，村民历来有编织传统，将植物的枝条、叶、茎、皮等加工后，手工进行编织。主要种类有竹编、藤编、草编，成品主要是日用品、鞋帽等。其中日用品有簟、席、匾、椅子、筲箕、蒸笼、扫帚、畚箕、畚斗、各式竹篮、竹筐等。现在草编、藤编的匠人大多去世，尚有少量竹编能匠在世。

2. 道观壁画

道观主要聘请老漆匠或专业绘画人员在道观墙面绘壁画。壁画的内容有三清造像、传说故事、图案装饰等。柿林村是浙东地区道教活动最活跃的地区之一，道教宫观等宗教建筑兴盛。这些道观里的壁画，自唐至民国，绵延不断，异彩纷呈。现有的少数壁画是2000年后重新创作的作品。

3. 绣花鞋

民间鞋文化与刺绣艺术相结合的绣花鞋，是村中妇女创作的手工艺品。目前柿林村中老年的妇女仍保留着这一技艺。绣花鞋的主要用途已从日常生活中穿着转向礼仪使用。种类主要有两种。一是虎头绣花鞋。在婴儿的虎头鞋、狗头鞋等上绣吉祥图案，作为满月礼物。二是寿鞋。老人在世时准备过世后穿着的鞋子，鞋面、鞋帮及鞋跟上多绣有与道家有关的纹样图案。

村民绣花鞋上刺绣的修饰手法注重鞋面的对称章法和鞋帮的铺陈，并配以鞋口、鞋底的工艺饰条。用彩色丝线从鞋头到鞋跟甚至鞋底和鞋垫上都绣上繁缛华丽的纹样。绣花鞋绣纹主题来源于生活，主要体现民间文化和民俗风情，基本图案有花鸟草虫、飞禽走兽、瓜蒂花果、山川风物、戏剧人物等。吉祥图案有莲生贵子、榴开百子、双蝶恋花、龙飞凤舞等，寓意着村民对美满生活的向往。

4. 布鞋和山袜

布鞋是利用民间纺织的布和鞋底手工制作的鞋子，山袜是用布自制的布袜子，均是柿林山区村民常穿的鞋袜类型。男子穿厚底布鞋，袜子是短布袜，旧称包脚布袜子。清、民国时期，不少妇女缠足，穿尖脚布鞋，即将一双布质软鞋衬在里面，再缠裹脚布，最后外套布鞋。棉袜或布袜亦系手工自制品。直至20世纪70年代，柿林村中仍旧流行在冬天穿自制的蚌壳棉鞋，雨天穿木屐或钉底透油鞋，少数人则穿浅口或马口胶鞋，鞋底上纳花。

5. 石 磨

村中还有不少石磨。石磨是用来加工粮食、碾制民间草药和制作拜祭时使用的木香的工具。

旧时村民几户合用一只石磨，石磨由磨盘、磨扇、磨杆、磨绳、磨房组成，磨圆如盘。

石匠要做的是磨的磨齿。村民形象地将石磨比作石头嘴巴，那么磨齿就是"石头门牙"。磨的上盘是上唇，磨的下盘就是下唇，上下盘一合就像个石头大嘴。磨大米或大米磨粉时，进水的地方是磨眼，存粮存水的地方是磨膛。磨心下边凸起的是磨栓，上边凹陷的眼是磨脐。

村里制造石磨的匠人已去世多年，他在新中国成立前专以这门手艺养家糊口。老石匠的后代已经不会做了，但知道此工艺流程。石磨有大磨、小磨之分。石材一般是挑选丹山或大俞山的石头，用料是青或白的硬度适中的花岗岩。这种活儿要后村"山上石匠"和山南边梁弄的"山下石匠"一起做。从前的石匠分"山上石匠"和"山下石匠"两种。"山上石匠"是以开采石料为主的石匠；梁弄的"山下石匠"，是以雕刻石头为主的石匠。石匠首先用小铁锤、铁钎、铁锤将毛石材（原始石料）裁成"磨坯"，接着搬到作坊中，"乓乓乓乓"地煅起来，锤声震耳。再用钻子、剁斧、锤头一钻子一钻子地凿"齿岭"，进行细加工。凿齿岭时在磨面圆心上打一墨线，再"吊线"，"吊"出这墨线的垂线，石磨的四瓣就出来了。再以绳线连着两条直径的端点，然后将这段线对折，类似于几何上取弦的中点。自此点，过圆心，又成两条直线，这样就将石磨分成了八瓣。然后是在这八瓣中凿出八九道斜岭，磨盘即成。最后再于下盘圆心上安装一木芯，上盘则凿圆孔与"磨眼"，上下盘组装，一磨即大功告成。民间对石磨有一俗语"一亩地八亩斜，里头坐个木爷爷"，"木爷爷"即指磨芯。

（二）民间饮食

柿林村村民以大米为主食。20世纪70年代辅以番薯、小麦、玉米、豆类等杂粮。大岚有俗语"大岚山顶，牛粪当早饭""河水鬼骗上大岚山顶"，说明从前山区生活艰辛，交通不便，饮食简单。一般人家除了逢年过节、家中宴客、雇人请工会吃干饭，一般一天三顿都是咸菜饭，其中早饭大部分是稀饭或番薯，有"杂粮半年粮"之说。改革开放以来，山民生活改善，饮食习惯变为以大米为主，番薯等杂粮减少。一般人家都是早上吃稀饭，中午、晚上吃干饭，但仍普遍以咸菜、笋干菜佐餐，口味偏咸。随着山区交通和经济发展，村民的饮食结构逐渐发生变化，饮食中奶、蛋、鸡、鱼增多，喜吃瘦肉。饮酒从单一的自制土酒变为啤酒、红酒和各类饮料。土酒即民间称为"枪毙烧"的白酒，用番薯或采集的橡子、葛藤根做酒，酒味难闻，又称"喝猫尿"。

1. 杂粮吃法

新中国成立前，村民生活条件普遍不佳，以吃杂粮为主。传统杂粮饮食有菜饭、番薯饭、玉米饭、荞麦饭、索面、麻糍、乌饭团、粽子、年糕、粉干等多种。

菜饭是将米和青菜萝卜同煮，以节约粮食，调剂口味。在20世纪70年代，初夏时节，大麦、小麦收获，正值民间"五荒六月"，村民以大米加麦子作主食，称"麦碎米饭"。还有将整只番薯与饭一起煮、焖、煨或者将番薯切块与大米一同煮食的,称番薯饭。也有加较多水煮成番薯粥的。村民在缓坡种植玉米,收获后,也会以玉米糊、玉米饭作主食。清明节家家户户都做清明果。咸的包咸菜、肉末等馅料,抹上酱,撒上葱;甜的裹以芝麻糖、赤豆糖,捏成新月状或扁圆形。农历四月初八,山区兴食乌饭团、乌饭糕。端午节要包粽子。重阳节吃麻糍、圆果。农历岁末时兴捣年糕,年糕上印"荣华富贵""年年有余"等吉利的字样。

2. 腌制咸菜、咸笋和晒笋干菜

柿林村村民有自制豆豉、笋干菜、萝卜条、霉豆腐、腌菜的习惯,下饭的菜都偏咸。制作咸菜是在春天选取柔嫩鲜美的九头雪里蕻菜,又叫弯头雪菜,叶色浓绿,形如锯齿,耐严寒,因能在雪里生长而得名。一般入冬后种植,次年三月收获并进行腌制加工,色香味俱佳,是村民饭桌上的家常菜。山间因毛笋多,村民有腌制咸笋的习惯。把毛笋切成条块,放在大锅里煮熟,加盐和茴香、辣椒等佐料,最后放入缸或瓮等器具里腌制。腌制的菜可以随时取出做成咸菜笋和油焖笋。

3. 腌制咸螺蛳、咸花生

山区冬季大雪封道,柿林村地处高山,本来就交通不便,远离集镇,遇上冬季大雪封道更是难以外出采买食物,因此村民喜腌制食物贮藏。民间把从溪流中采集来的螺蛳加盐和葱腌制成咸螺蛳,作为家常菜下饭。咸螺蛳味极咸,肉极小,如丝条。咸花生相传已有三百多年历史,将普通花生去壳,用盐水腌至呈深灰色,再在太阳下晒干。果粒饱满,咸淡适口,又香又脆。

4. 米豆腐和发糕

米豆腐,又叫"菱角豆腐"。将米放在滤清的石灰水中浸透,然后磨成浆状,蒸熟。凉后切成菱形,加糖即成甜食,加佐料可作菜肴。发糕是将糯米和粳米磨成粉,加白糖、猪油和酒发酵,再蒸制而成。甜而不腻,香软可口。

5. 枪毙烧

是山民对"番薯烧酒""橡子烧酒"的总称。番薯酒是柿林村一带山地农家的一种土酒，每逢农历秋天收获的时节，村民就开始做烧酒供冬季或春节饮用，家家户户出酒的时候，醇酿的酒味带着番薯的甜香味弥漫整个村庄。制作方法是先将番薯切丝煮熟拌入酒曲，装入缸里密封发酵。山上温度和湿度适宜，持续发酵两个多月，再将发酵好的番薯放在特制的锅炉上猛火煮开，经U形管至冷却炉，蒸汽冷凝为水，出酒入坛封存。

柿林村的山上橡子遍地，橡子是栎树的果实，形似蚕茧，故又称栗茧。外层有棕红色硬壳，内仁如花生仁，含有丰富的淀粉。橡子烧酒的制法如下：

（1）将橡子原料磨成粉，便于蒸煮。

（2）调制配料。将粉碎后的橡子粉、酒糟、辅料和水调制在一起，为糖化和发酵打基础。配料根据甑桶大小、橡子淀粉含量、气温、生产工艺及发酵时间等具体情况而定。一般以淀粉浓度在14%~16%、酸度在0.6~0.8、配料含水量在48%~50%为宜。

（3）在大土灶大锅中煮烂，蒸煮温度和时间视原料种类、破碎程度等而定。一般常压下蒸料时间为半小时。蒸煮至外层熟而不黏，内无生芯即可。将原料和发酵后的香醅混合，蒸酒和蒸料同时进行，称为混蒸混烧。前期以蒸酒为主，甑内温度要求在85℃~90℃。蒸酒后，应再加热一段时间直至煮烂。若蒸酒与蒸料分开进行，称之为清蒸清烧。

（4）冷却。蒸熟的原料，用扬渣或晾渣的方法，使料迅速冷却。如果气温在5℃~10℃，品温应降至30℃~32℃；若气温在10℃~15℃，品温应降至25℃~28℃，夏季要降至品温不再下降为止。扬渣或晾渣还可起到挥发杂味、吸收氧气等作用。

（5）拌醅。固态发酵麸曲白酒，同时加入曲子和酒母。曲子用量一般为酿酒主料的8%~10%，酒母用量为总投料量的4%~6%（即取4%~6%的主料作培养酒母用）。在拌醅时应加水（工厂称加浆），控制入池时醅的水分含量为58%~62%。

（6）入窖发酵温度在18℃~20℃（夏季不超过26℃），入窖的醅料既不能压得过紧，也不能过松，通常掌握在每立方米容积内装1600斤醅料。

（7）蒸酒。通过蒸笼把甑中的酒精、水、高级醇、酸类等有效成分蒸发为蒸汽，再经冷却即可得到橡子白酒。蒸馏时应尽量把酒精、芳香物质、醇甜物质等提取出来，并利用掐头去尾的方法尽量除去杂质。

6. 柿子饼制作

柿林村柿子品种很多，根据外形得名的主要有方蒂柿和馒头柿，因品质得名的有吊红柿、白药柿、牛心柿等。柿子在未完全成熟时呈橙黄色，此时即可采摘。果农们准备好两根长约2.5米的竹竿，把柿子一个一个摘下来，小心翼翼地放在篮子里带回家。整个过程中要小心，避免柿子破损。各类柿子的食用方法都不相同。白药柿和馒头柿放在辣椒水或石灰水中浸泡2~3天即可削皮食用，果肉脆嫩，食之爽口。在柿林村最出名的当属吊红柿子，而吊红柿子与上面两种柿子的食用方法有所不同。村民把采摘来的吊红柿子均匀地摊在竹匾或室内可以摊放的地方，一般过10~20天可食用。可食用的吊红柿子皮薄，味甘甜，回味无穷。另外方蒂柿、牛心柿等一些比较大的柿子可去皮捻扁，晾干后放入瓮中，待生白霜了取出，古人称为柿花，今人叫柿饼，其霜谓之柿霜。

7. 番薯枣子制作

番薯枣子是柿林村另一种休闲食品，其制作相当考究。首先要挑选好品种的番薯，一般选一种红皮白心的番薯做原料。农历十月番薯收获后，在地上摊放20~30天，这样番薯就会水分少，甜度高。加工时选中等大小、长而圆润的番薯，削去两头的根。一次将15斤左右摊晾过的番薯放入铁锅中，放小半锅水，用旺火烧。等番薯软了，再放点红糖（过去不放糖），锅底的汤快干时起锅。

准备火缸（陶制大缸）一口，底部先放一层灰，再放上炭火，盖上灰。将烤好的番薯挨个摊放在铁丝编成的圆匾内，上面用麻袋盖严，然后放入火缸中烘烤。整个烘制过程都需要有人在火缸旁看着。火过旺，番薯会化开，也容易烘焦，影响质量，这时就要往火缸里加盖一层灰。最好用糯稻瘪谷或大砻糠盖上，既可以控制火的强弱，又可以使烘成的番薯枣子有股特殊的香味。火缸过冷，番薯就会"烘僵"，就要扒开灰层让火势大一些。番薯烘的时候要经常翻动，并用手轻轻将番薯捏成扁形。烘到晚上临睡前，番薯表皮已干，半夜起来再翻动一次，经过一天一夜，番薯枣子就烘好了。成品略扁，呈红褐色，外干内软，味道类似蜜枣，有股清香味。过去农家都是自己吃或送亲友，不外售。

8. 番薯粉丝

番薯是山区村民重要的经济作物，做番薯粉丝则成为当地山民一直以来的一项重要副业，柿林村更是家家户户都要加工番薯粉丝。每年秋冬之际，农家人将番薯洗净粉碎，将淀粉分离出来，脱干水分，再用细箩筛一道，得到又细又白的粉面。进九之后，三五家相约在一起，砌一个灶，架一口大锅，摆几口大缸，开始做粉丝。师傅负责打芡、和粉，其他人帮忙挑水、烧火。水烧开后，用漏瓢装粉面，用手捶出细长均匀的粉条下到开水锅里，边下边捞。将捞起的粉丝挂起晾干，经过夜晚零下气温的冰冻，口感会更好。

9. 柿叶茶

用柿叶制成的茶叫柿叶茶。柿叶茶与传统红茶、绿茶、花茶不同的地方在于，其不含茶碱、咖啡因，因此晚上喝柿叶茶不会引起失眠和增加心脏、肾脏负担。而且柿叶茶不加任何香精、人工合成添加剂，为纯天然无公害绿色健康饮料。

柿叶茶的制法简单。将霜后柿叶洗净、晾干，即可泡茶饮。泡后的柿叶茶色泽黄绿，茶味淡雅，回味略甜，芳香适口，保持了柿叶的营养价值和独特的自然风味。村民将柿叶茶誉为"健身之宝"，常饮柿叶茶，能增强机体新陈代谢功能，稳定和降低血压，增强冠状动脉血流量，因此对高血压、高血脂、冠心病、肥胖症患者大有裨益。柿叶中还含有丰富的维生素P和维生素C。医学上称维生素P为"维护血管的卫士"，从柿叶茶中摄取维生素P，能增强体内毛细血管的弹性，保护心血管，提高毛细血管的抗病能力。柿叶中还含有胆碱。胆碱是大脑神经元（脑细胞）必需的营养物。从柿叶茶中摄取胆碱，不仅可以避免中老年人记忆力衰退，而且可以改善各年龄段人的记忆功能。

柿叶中的维生素C含量是柑橘、柠檬、橙、猕猴桃等水果的数十倍甚至百倍以上，接近野生刺梨中维生素 C 的含量，堪称维生素 C 的宝库。喝柿叶茶可以预防和治疗感冒，缩短病程。

（三）民间医艺

柿林村是道教圣地，民间历来有崇拜医道、仙道的风俗。一些年老的村民还有懂民间草药的。

1. 野生猕猴桃根

柿林村周围群山溪谷间生长着不少野生猕猴桃，结出的果实村民称之为"藤铃"，其根可入药。其功效为清热、利尿、活血、消肿。村民认为可治肝炎、水肿、跌打损伤、风湿关节痛、淋浊、带下、疮疖、瘰疬。《浙江民间常用草药》中记载其有"健胃，活血，催乳，消炎"的功效。《中草药典》中记录其可"清热解毒，活血消肿，抗癌，治疮疖，瘰疬"。用法与用量：内服可煎汤，一次 1~2 两，或炖猪肠。外用可捣敷。目前个别村民仍有用野生猕猴桃根泡酒的习惯。原料为猕猴桃根 250 克，白酒适量，将猕猴桃树根切成小段，洗净浸入酒中，一周后可饮用。村民认为此酒可治消化道癌或瘤。用法用量为每日三次，每次 15~30 毫升，常服见效。

2. 蕲蛇药酒

蕲蛇，又名五步蛇，多见于柿林村四周的高山谷地、山崖，现在村民上山采摘或伐木砍柴仍旧会遇上。蕲蛇味甘咸、性温，具有祛风湿、散风寒、舒筋活络等药效。村民有泡蕲蛇药酒的传统，用于祛湿通络，治疗风湿性或类风湿性关节炎、关节疼痛等症。目前，蕲蛇已成为濒危动物，村民已不再随意捕捉。

3. 揪（音 niǔ）痧、刮痧、挑痧

柿林村村民大多以农耕为生，远离城镇和大村庄，缺医少药，村民在高山台地自然环境下，积累了传统中草药知识和简单易行的医疗技术。其中揪痧、刮痧和挑痧疗法是代代相传的几种简单疗法。痧病是一种常见病，民间主要有暑痧、热痧、温痧、风痧、暗痧、瘟痧、乌痧、红痧、绞肠痧、抽筋痧、吊脚痧等病症。而暑痧是最常见的一种痧病，与中暑有密切联系。

暑痧的一般症状是头晕、头痛、胸闷、腹胀、恶心欲吐、全身疲倦、四肢乏力，严重者出现高热、昏迷，或者出现面色苍白、流冷汗，甚至休克症状，如不及时抢救，会有生命危险。按照民间经验，有几个方法可作为诊断的参考：一是摸四肢是否较凉，特别是双手是否冰冷。二是肋间划痕试验。用大拇指拨动病者前臂手三里部位，可见皮下有明显隆起，呈紫红色，表示有痧。三是用三棱针在手三里部位挑刺，如流出暗红色血液，即可确定为痧症。四是揿压指甲试验。即用右手拇指指甲分别揿压患者的指甲，揿压一下，立即松开，如见患者指甲下血液回流比正常缓慢，且血色晦暗者，也表示有痧症。

揪 痧

揪痧，也称扯痧、拧痧、挟痧、抓痧、撮痧等。此方法在山地的民间被广泛采用。

揪痧前的准备：预备清水一碗，在每次揪痧之前先用清水润湿手指，然后操作。在头颈部操作时一般习惯用清凉油而不用清水。

揪痧的基本手法：施术者五指屈曲，用食指和中指的第二节对准揪痧部位，把皮肤与肌肉夹起，然后松开，在同一部位一夹一松连续做十余次，这时被夹起的部位就会呈现出痧痕。

揪痧的主要部位有以下几个。颈部：第五颈椎左右各旁开一寸，大椎穴左右各旁开一寸。腰背部：胃俞穴与肾俞穴（左右各一）。胸部：华盖穴及左右第二肋间隙，腋前皱纹上二寸（左右各一）。腹部：肚脐左右各旁开一寸，关元穴及其左右各旁开一寸。

刮 痧

刮痧疗法是施术者用一种特定的工具，在病人体表上的一定部位连续刮动，使皮下显出一道道的痧痕，从而达到治疗痧症的一种疗法。

刮痧疗法前的准备工作：预备边缘光滑的铜钱一枚（铜片、银毫、汤匙均可），茶油或菜花油一汤匙，生姜一块或新鲜辣蓼、桃叶一大把，捣碎后用手帕包好，备用。水一碗。

刮痧的部位和基本操作方法：刮痧时，患者坐在板凳上，施术者用右手大拇指蘸生油，先在印堂穴（额中）按摩十余次，然后用两手大拇指从印堂向两边推向头维穴（两额角），约推十余次；随即用右手食指和中指蘸少许生油，在鼻梁正中用捻法轻轻夹拔十余次，夹至鼻梁上呈现深红色为度。再让患者脱下上衣（如天气太冷应在室内生一盆火取暖），从内向外刮上肩部，接着在前颈正中及左右两侧各捻三条痧痕。再从病人胸部沿第二、三、四肋间隙，从胸骨端向外侧横刮，每肋间刮出一道痧痕。继而从背部第七颈椎起，沿督脉从上向下刮至第五腰椎为止，从脊柱棘突旁沿肋间走向由内侧向外侧，一左一右，各刮出四至五道痧痕，以呈红色或紫红色为度。刮毕，蘸些薄荷水清洗一下，再将捣烂的生姜、辣蓼、桃叶汁倒入手帕中，用右手稍用力按遍头、额、颈、肩、胸、背处的痧痕，疗程即告完成。

刮痧结束，患者顿觉精神大好，有的甚至想吃食物。此时可喂些热粥，然后让其静静地睡上一觉。醒后，患者可感觉病情减轻，或不服药亦可痊愈。如今医疗条件越来越好，一般家庭都备着从乡村医院买好的避暑药，如辅以服用藿香正气散、六一散、薄荷汤、香薷饮、生脉散等，疗效更佳。

挑 痧

挑痧疗法是通过针刺病人体表的一定部位，挤出一些血液来，从而达到治疗痧症的一种疗法，也称"放痧疗法"或"放血疗法"。

挑痧疗法即用消毒后的三棱针（缝衣针也可），直刺于肘弯曲池穴，腿弯委中穴，放出紫黑色血液，以泄痧毒。若未见痧筋，用手蘸水稍用力拍之即现。亦可在手足十指（趾）尖或指甲两侧处放少许毒血。此法宜治实热痧毒。

揪痧、刮痧、挑痧疗法都应用了"推拿疗法"中的刮、捻、推等动作，使人体内经络疏通，气血流畅，达到加强新陈代谢的作用。村民认为通过这些疗法，邪气得泄，正气恢复，病能霍然而愈，且花钱少、疗效好、治愈快、简易可行。

4. 狗 宝

以前村民家里养狗比较多，以防备山林野兽。"狗宝"是狗胃中的结石，味甘性平，具有降胃气、开郁结、解毒的效能，可用来治疗噎嗝反胃、痈疽疔疮。在杀狗时，对于较老的、食欲差的狗要多注意。宰杀后，切开狗的胃，如发现有圆球形，直径1.5~5厘米，表面呈灰色或灰黑色，略有光泽，较为坚硬细腻的物体，就很可能是"狗宝"。真正的"狗宝"拿起来有沉甸甸的感觉，硬度不大，稍用指甲一划可出现痕迹。"狗宝"的横断面有环状层纹，近中心部位结构较疏松，有腥味。发现"狗宝"后，应小心用刀切开胃膜，剔去沾在上面的肉屑，用清水轻轻洗净，风干包好。

5. 七叶一枝花

七叶一枝花生长在山坡林下或较阴湿处，在村北撒药岭较多。据村民说，此草药对山区所有蛇咬伤都有疗效，但如果单独使用效果不是很好。此药主要对无名肿毒有独特疗效，可以算特效药，如果配八角莲使用效果更佳，用时一般和些酒、醋，直接擦患处。村民间流传着一些与七叶一枝花有关的药方。

（1）治风毒暴肿：七叶一枝花、木鳖子（去壳）、半夏各50克。用药捣研磨成粉，以酽醋调匀涂于患处。凡是热肿，熵之。

（2）治妇女乳汁不通或小儿吹乳：重楼（此处指七叶一枝花的干燥根茎）15克。水煎，点水酒服。

（3）治耳内生疮热痛：重楼适量。和醋涂患处。

（4）治喉痹：重楼1克。研粉吞服。

（5）治小儿胎风，手足抽搐：将重楼研末。每次服2.5克，用冷水服下。

（6）治慢惊：栝蒌根10克、白甘遂5克、七叶一枝花4.5~9克。用慢火炒焦至黄色，研成末均匀敷于患处。

（7）治肺痨久咳及哮喘：重楼25克。加适量水，同鸡肉或猪肺煲汤服用。

（8）治新旧跌打内伤，止痛散瘀：将七叶一枝花用童便浸四五十天，洗净晒干后研末。每服1.5克，用酒或开水送服。

（9）治脱肛：将重楼磨成粉和醋调成汁。外涂患部后，用纱布压送复位，每日可涂两至三次。

（10）治蛇咬伤：七叶一枝花根10克，研成末，用开水送服，每日两至三次。另以七叶一枝花鲜根捣烂，或加甜酒酿捣烂敷于患处。

6. 挑奶痨

俗称"挑奶漆（瘾）"，是旧时山民医治刚断奶婴儿营养不良的一种方法。挑奶痨最常用方法是用粗针或三棱针刺四缝穴，即除大拇指外四根手指第一、第二节间的关节处，再挤出乳白色液体即可。

7. 柿 叶

柿叶有良好的止血作用，对溃疡吐血、肺结核吐血、鼻衄等出血症，用6克柿叶研末，用温开水送服，有较好止血作用。临床使用的"白净片"，就是用柿叶制成的抗炎止血药。取柿叶3克，花生仁衣适量，研末，用温开水送服，连服2个月，可治疗血小板减少性紫癜症。

（四）民间游戏

1. 抽陀螺

村民称之为"打杀胚"。陀螺是儿童喜爱的玩具，形状上半部分为圆形，下半部呈倒圆锥形。从前多用木头制成，现今多为塑料或铁制，可在商店购买。玩时用绳子缠绕，然后用力抽绳，使其直立旋转，或利用发条的弹力使其旋转，然后用鞭子抽打，使其不停旋转。

2. 叠罗汉

一般在村里节庆活动或冬季农闲之际，年轻人聚在一起，由若干人互相配合，层层叠成各种造型。参与活动的大多是青年男子，以自我娱乐为主，对参加者的身体素质和技术水平要求不高，不受场地条件的限制。

3. 放　铳

铳是山区一种民间自制的猎枪，也是村民狩猎的主要火器，村民称为"砂子枪"，子弹是自己制造的小铅砂弹，盛行于清、民国时期。那时四明山区深山密林遍布，地势险要，常有山匪、强盗出没。放铳也是一种震慑手段，后逐步进入日常生活，演变为庄重的民间礼仪活动。铳多由铁匠锻造，有的村民也会锻造，呈三角形，安有一根30多厘米长的木把，一般有3个火药洞和引孔，外部有散热铁片，称为"三眼铳"，可放3响。主要用于打猎，以补贴家用。

民间红白事或有重要客人来时一般要放铳，称为"迎客铳"，图个吉利和热闹"响动"。放铳有规矩，红事（生子、婚嫁、祝寿等）一般站着不动原地放铳，表示对喜事已定的祝贺。白事（丧葬）要边走边放，意为驱赶那收人魂魄的"催命鬼吏"，镇住那些危害人类的魑魅魍魉。迎客铳不能对着客人放，只能顺着客人来的方向在旁边放。

（五）民俗风情

1. 年俗和节日

过年　从农历十二月初十以后，农家开始做年糕，廿六、廿七开始做馒头。杀猪宰羊、杀鸡杀鸭也在这几天完成。家内外也要打扫干净。

分岁　要做过年羹饭并祭祖。拜祖宗的屋内，桌子要横放，人从门口开始，边走向屋里供桌边拜，拜好后，菜都要重新做。祭完后吃年夜饭，全家老小欢聚一堂，敬酒、搛菜，热闹非凡。吃完饭，长辈都要给小孩压岁钱。吃过年夜饭，家庭主妇们就忙开了。她们炒玉米胖、番薯胖、黄豆、花生、瓜子、年糕胖，这些是正月里招待客人和小孩的零食。临睡前还要准备好全家人第二天穿戴的新衣和鞋帽。

正月初一　正月初一要早起，因为村民认为空肚打喷嚏不吉利。这一天大人、小孩都要穿新衣戴新帽，起床后要放开门炮。清早，小辈要给本房长辈端茶拜岁。早饭吃糯米汤圆，也有吃赤豆沙年糕的。初一一天不扫地、不动刀、不洗衣。初二开始走亲戚拜岁。

正月十四　吃"补肩头"米粥，寓意是吃了这种粥，这一年五谷丰登，劳动者身强力壮。

正月十五元宵节　在沈氏宗祠设祭桌，桌上供三碗茶、六碗酒和印糕、红福糕、云片、甘蔗、橘子等供品，在桌前的香炉里焚三炷清香，为逝去的亲人送灯祭祀，寄托对已逝祖先的追思。由族长主持读祭文，各宗亲和房长参与主祭。

清明节　族里排定日子给祖宗上坟。凡祖宗坟头都有一笔祭祀田产，由各房轮流祭祀。祖上规定祭祀田产不能卖，每年大约有60石租谷，用于祭祀开销，一般都有剩余。清明上坟要插幡加土，准备贡品16碗，放炮仗。

立夏　农历立夏那天，民间有称体重的习俗，这一天还要吃茶叶蛋、艾青麦果，还要吃两根小竹笋，不能切断，称健脚笋。

端午节　农历五月初五，各家都要把家里里里外外打扫一遍，清除垃圾，喷洒雄黄酒消毒。每家大门上都要挂旗艾，还要吃蛋、粽子、炒豆，喝雄黄酒。

七夕　农历七月初七，又名"乞巧节"，妇女称之为"洗头节"。这一天妇女们采摘柳树叶，烧水洗头。这一天妇女们都感到格外轻松，洗完头发就直接披着。妇女长发披肩在旧时是难得一见的亮丽风景。

兰盆会　每年农历七月十五为兰盆会，又称"盂兰盆会"，也就是人们常说的"中元节"，民间俗称"鬼节"。这一天要放焰口，大堂前各家摆桌做羹饭，四周挂起莲青色纸衣纸裤，每户家里也做羹饭。到半夜烧了经佛、纸衣后，全场灯火熄灭，道士在台上大声做法事，俗称"闹乌台"，也叫善请恶送。

冬至日　家家户户做羹饭祭祖。

2. 婚 俗

定亲 旧时，村民家儿子到了十六七岁，做家长的就开始考虑儿子的婚事。家长如果看中某家姑娘，先要定亲。第一步，选择本村或邻村有名望，又跟女方合得来的人去女方家说媒，无论亲事成不成，谢媒酒要三坛。第二步，压帖。女方家长如有意，就由媒人带上男方帖子，和一半聘礼（也有先付三分之一的），请来女方生辰八字。第三步，大帖（下定）。根据女方生辰八字，由算命先生进行推算，认为合适的，送去另一半（或三分之二的）聘礼、老酒、大饼等。男女双方办下定酒，宴请各自亲戚朋友，这桩婚事就算定下了。第四步，男方决定结婚日期后，尽早通知女方，以便准备。

结婚 女方通知男方嫁妆有多少，需派多少人抬。结婚前一天，男方派人去抬嫁妆，并带去"望娘盘"一对，意为报答女方母亲对女儿的养育之恩。女方随嫁妆送"安心桶"一只，表示姑娘愿安心在夫家，生活甜蜜幸福。

结婚当天，男方准备好彩轿，凤冠霞帔，抬轿夫四人，清道旗两面，对锣、唢呐、吹鼓的若干人。新郎穿长衫、马褂，前往女方迎亲。轿到女方家，吹鼓手吹拉弹唱，意在催新娘上轿。新郎、媒人及陪客被引入客厅。新郎坐上横头，媒人和陪客在两侧作陪，上点心之后，再设午宴（俗称生人客酒）。

女方早起开脸、化妆，女方母亲教女儿为妇之道。新娘上轿，轿里放有火的火熜两只，寓意到夫家能红红火火。一路吹吹打打，花轿抬到男方家廊下停，由男方女傧扶新娘出轿，脚下用麻袋铺到喜堂，寓意代代（袋袋）相传。喜堂正中挂郭子仪九子廿三孙画像。典礼开始后，先由新郎辈未成年人读祝文，预祝新婚夫妇幸福昌盛。接着，夫妻俩一拜天地、二拜高堂、夫妻对拜，然后由有福之人端花烛送入洞房。此时大厅里喜宴开始。厅内单设一席，新娘的舅舅坐上横头（上席），陪客在两侧，男方倒酒。先吃点心，接着上菜。新郎、新娘出来为新舅爷倒酒点烟。酒后，新娘由女傧和新郎陪同为长辈端茶，受茶者将事先准备的红包放在茶盘内作为回礼。新郎、新娘回房后，新郎再出来陪客。

酒席散后就闹洞房。第二天早起，新郎、新娘向公婆、长辈敬茶问安。三天后，新娘坐青轿"回门"，新郎陪同前往。

3. 大岚打傩（行会）

打傩（行会）盛行于鹿亭乡、大岚乡，是姚江河姆渡图腾崇拜的一种文化残存。柿林村作为两乡之间重要的中转中心，也是打傩仪式的中心地。

打傩的组成与仪式　旧时柿林地区共有十四个龚姓村庄，每年打傩，这十四村轮流坐庄（当傩主）。坐庄的村于前一年腊月向其他十三个村庄的村民及外姓需要还愿的人家下傩帖，通知各庄明年何月何日从何地开始打傩，路线如何，何时到达何地，以便他们尽早做好迎傩的准备。按习俗，每庄需来"傩客"，到坐庄的村集合参加打傩。

打傩是旧时柿林山村一年中的盛事，比过年过节还要热闹，时间一般在农历二月初七、初八、初九三天。

大岚柿林地区以丁家畈的岳殿为中心，下分沈家社、鲁家社和朱夏社三个社。行会线路是先到丁家畈岳殿拜祭，由郁林社接引，唱杂番到天亮。拜祭后，从丁家畈出发到老屋基、大陈、观下吃午斋。稍作休息后，从观下到柿林村大堂前表演节目，再到村里主要巷弄表演，村人设点进行路祭，在柿林村吃宿斋。第二天，到人家弄走一趟后，出发到李家坑村，经百步阶到大俞吃午斋，再依次到黄家庄、西岚、西岭下，在蜻蜓岗宿斋。第三天从蜻蜓岗到丁家畈岳殿后散会。

摆傩时，有一"傩钻"（即傩的标志），是用五尺长的竹子扎成一个T字形的竹架，竹架上方插一排野鸡毛，两旁各垂悬一红色飘带，上写"龚氏辉公王"，竹子下端做一柄，便于手握。打傩队由二十四名傩客组成，抬着"龚侍郎大王"的坐轿到龚姓各村去领受人们的拜祭。龚辉菩萨像头戴乌纱帽，颈围银肩沿，身穿红绣花袍，脚蹬青帮白底布鞋。菩萨像四肢能活动，坐在银色轿子内，由八人抬轿。轿子前后配有两柄圆顶华盖伞，五面红、黄、花色的三角旗紧随其后，旗帜后面是两支唢呐、一副锣鼓、一副边鼓、一副钹，后面跟着管首（每村的一位乡绅）、傩头及摆傩戏的儿童。最后则是随行傩客，携带傩队人员的日常生活用品及几担香纸、爆竹和面具，再举一傩钻压队。一路上锣鼓喧天、唢呐嘹亮，吹吹打打前往各庄。

接傩的各户人家很早就头顶香盘跪在半路上迎接，傩头一到屋前地坪上，就杀猪接风，斟献三杯酒（也叫摆神礼），献酒毕，便将菩萨接入正堂屋。堂屋内摆两张大桌,后桌是先祖龚辉公的轿子,请出人偶放在前桌,前面摆有供品。接着傩头例行收兵。收兵仪式与衔傩收兵仪式相同,只需将咒语改为"收扎龚大王侍郎部下千兵万马,谨扎坛前"。收兵毕,打保筶后便吃晚饭。傍晚为"闹神",唱山歌,半夜为"谢愿"。谢愿是要许愿的人都来求菩萨保佑。谢愿前,傩头要先对菩萨请神才会灵验。傩头念词,并打十次保筶,念道:一筶,老祖师尊,概保信家老者寿比南山,福如东海;幼者根基稳,易长成人,孝敬父母;壮者心神高熙,禄马扶持。一年十二月,月月保平安,日日二六时,时时增吉庆。男增百福,女纳千祥;四时兑吉,八节安康;四时无灾无厄,四季永保吉祥。求下胜筶概保家人,人人头顶吉祥天,个个脚踩平安地。二筶:赖托老祖师尊,概保信家求财者财源滚滚、财茂汪洋、招财进宝、千秋四方,朝进金、晚进银,财源茂盛万贯金。赖托老祖师尊,概保信家以求胜筶。三筶:赖托老祖师尊,概保信家求喜者喜事多招,招招得喜,喜报三缘多早种,喜星点斗、喜报丹章、喜气临门、户纳千祥。概保信家以求胜筶。四筶:赖托老祖师尊,概保信家求嗣者嗣中生有,嗣后兴隆,早生贵子,生子发孙世代昌,赖托老祖师尊。概保信家以求胜筶。五筶:赖托老祖师尊,概保信家求耕种者一籽落地,万担归仓,方方下种,处处全收。虫灾、旱灾、兽灾、风灾、水灾无沾无染,颗粒饱满,五谷丰登。赖托老祖师尊,概保信家以求胜筶。六筶:赖托老祖师尊,概保信家求读书者学堂有份,书馆无育,诗书广进,出口成章,丹墀早拜,衣锦还乡。赖托老祖师尊,概保信家以求胜筶。七筶:赖托老祖师尊,概保信家求生意者一钱为奉,万两为利,东去遇财,西去遇宝,南遇珍珠,北遇玛瑙;为人相逢,贵人和合;近者悦,远者来;招以待,接以礼。生意兴隆通四海,财源茂盛达三江。赖托老祖师尊,概保信家以求胜筶。八筶:赖托老祖师尊,概保信家求畜者六畜兴旺,瘟疫无染,鸡鸭成群,牛猪满圈,羊犬结队,畜畜称心。赖托老祖师尊,概保信家以求胜筶。九筶:赖托老祖师尊,概保信家求兽者虎豹豺狼隐藏山谷,狐狸野狗深山潜伏。四季安宁,夜不侵户。赖托老祖师尊,概保信家以求胜筶。十筶:赖托老祖师尊,概保信家上中下三元,流恩阜福于匡家,岁安时乐,老安少怀增百福;宅舍光明大吉昌,打开财源路,紧闭是非门;物华天宝,人杰地灵,总求胜筶概保。每次念完一筶就丢筶下地,最后一次丢筶下地,得胜筶,傩头捡起筶后,揖三揖。案主赏傩头两块银圆,再向菩萨烧金箔。其他谢愿的村民也于此时献上金箔、纸钱于菩萨面前焚化。傩头督筶,请菩萨承领,以保信人得偿所愿。鸣炮后谢愿,仪式结束。第二天早晨又进行收兵仪式,吃罢早饭便启程到另外的接傩村庄。

傩队的艺术表演　祭祖傩的艺术表演称为"行会戏"。表演时所需乐器为一锣、一鼓、一笛,这三位乐手由成年人担任,演员则为四位儿童。演员是每年十二月从村内九岁至十五岁男孩中挑选出来的,由本村师傅训练一个月后,正月衔傩时便参加表演。衔傩的演员不固定,每年都要重新挑选一次加以训练。据当地人说,只限四位演员是因为当年太婆是带着四个人演着此戏去京城寻太公的,所以保留原制。表演时穿短褂长裤,扎腰带,用红布包头后戴面具。面具是以草纸及棉纸脱坯而成,留眼洞,面具底色有青、红、黄、白、绿五种,再勾画五官。面具皆是顺脸善相,除武将有英俊之气,无一狰狞面目。表演时演员不唱,由鼓手帮唱。共有十二个节目,依序表演:

① 开山。一人戴青色面具,手执斧做劈五方表演。

② 单叉。一人戴青色面具,手执棍舞耍一番。

③ 双叉。两人戴红色面具,各执交叉着的两棍,握于手中表演。

④ 狩猎。四人戴黄色面具,各持一竹制的枪筒,四人做射击作战状表演。

⑤ 土地。一人戴有须的白色面具,戴平顶帽,拱手说好话,如:"傩王好似树上燕,同年一步到华庭。送福登堂贺新年,狮子御香又吐烟……"

⑥ 判官。一人戴青色面具,一手拿簿,一手拿笔表演一番。

⑦ 钟馗捉鬼。扮演钟馗的人戴红色面具,两小鬼戴青色面具,做幽默诙谐的扑捉表演。

⑧ 花关索与鲍三娘。前者戴白色面具,后者戴黄色面具,两人对唱一阵。

⑨ 单人伞。一人戴黄色面具表演耍伞,引得神君下界来。

⑩ 大棚。两人戴黄色面具,耍长棍,边耍长棍边唱,并问村民保什么事,表演者和观者对答。如两演员唱:"田一郎、田二郎,兄弟两个一样长,太平童子保什么事?"若村人说:"保作田。"演员负责表演,鼓手则帮演员接唱:"作田郎、作田郎,保你作田多收粮,多得谷来仓仓满,谷满廒来蓄满仓。"若村人说:"保养猪。"则唱:"养猪娘、养猪娘,保你看(养)猪勤把糠,养得猪来黄牛大,多卖钱来做洋房。"诸如此类的求保之词,不断唱下去。

⑪ 凳崽戏。四人戴青色面具,每人拿一凳站在四个方向,在凳上表演杂耍。

⑫ 关公。扮演关公者戴有胡须的红色面具,耍大刀,出场表演主要是镇邪。鼓手帮唱:"吾是天空关大王,三行五步到此堂。足蹬火驹忙四界,赫赫威名天下扬。头戴金盘腰插剑,身穿铁甲响叮当。过五关,斩六将,过姚江,斩黑龙。摇鼓四明斩山妖,出马单刀谁敢当。"

唱傩歌 姚江四明山区是由道士唱傩歌(山歌、滩簧、民间小调)、表演节目。晚上在祭祖的大堂屋或祠堂内,燃起数堆柴火,村里男女老少围坐在火堆四周唱傩歌。傩歌是对歌的形式,曲调、旋律简单易学。以敬祖、贺喜、祝福为内容,编唱歌词。每唱完一段,锣鼓敲打"咚咚嘭!咚咚嘭!"唱傩歌前,先由傩头敬祖,然后便喝彩。彩词为:"天地开泰,帝道遐昌,佳期吉日,喜气洋洋。神圣巍巍在上,老幼端坐两旁,神乃天神下界,托身世故豪强。手指当朝一品,威风八面难挡。武能摆兵布阵,文能考选文聿。天子命我巡守,各都府县参详。上巡会稽、明州两府,下巡福建、广东,南巡高丽、交趾,北遇东汉、西凉。子天丑地寅时出,伏羲八卦定阴阳。尧民八代登宝座,舜日冲撞坐朝堂。禹修九河多广绩,万民感戴圣贤皇。……一来国振天心顺,二来官清民自安,三来神圣都显应,四来门庭放豪光。供茶供酒齐拥护,供酒献神显三光。香烟一炷民安乐,金灯雨盏喜气洋。今晚歌堂贤师坐,特请众位老歌郎。自从今晚喝彩后,富贵荣华与天长。"

喝彩毕,接着唱山歌。山歌四句为一段,并规定先唱七字句"怀来韵",再唱八字句"言前韵",接着又唱十字句"人辰韵",最后是唱十五字句"人辰韵"。直至兴尽为止。例如案主先开腔,唱七字句:"迎新年来正打开,寒舍今晚接祖来,接之老祖求吉庆,概保满门福寿皆。"接唱者也各自以七字句"怀来韵"唱出歌词。转唱八字句,歌词例:"锣鼓打得热闹连天,要唱八字又接又编,八字排来将神致敬,福至满门福寿院前。"接唱者需以八字句"言前韵"唱出歌词。唱十字句时歌词可以为:"半夜间敬老祖老祖显应,一送财二送喜福载满门,祈老者加福寿福如东海,祈幼者根基稳易长成人。"接唱者需以十字句"人辰韵"编唱歌词。最后是以十五字唱,歌词例:"半夜间接至我老祖老祖在上显威灵,日送财晚间又送宝送财送宝到某门,今晚满堂欢喜笑容保得人人皆吉庆,老者皆安泰少者怀一年四季免灾星。"接唱十五字句者需以"人辰韵"编唱歌词。唱完傩歌,由乡神或案主唱"十祝圣词""十保圣词"。唱完后打筶,求得好筶,便是祖先能保村庄太平吉祥。

祭傩溯源 民间往往是在本宗族史上选定有功德、受人们敬仰的祖先为保护神来敬祭的。如马渚镇云楼村杨氏祭祀北宋名将杨继业，泗门镇谢氏祭祀明代阁老谢迁。四明山区祭祀先祖多采用道教祭祀仪式与民间山歌腔调结合的形式，有的村落采信道士"升仙"传说，崇道仙之术。在这种信仰下，自己宗族中有成仙或得仙助之人，便易被后代推崇为神灵而敬祭。村里清明、冬至、新春都有祭敬祖先之俗。

4. 唱十番

十番又称十番锣鼓，旧时农村迎神赛会少不了它，大户人家堂祭时也有请十番班子来敲打凑热闹的。

十番班子由二十来人组成。有笃鼓手一人，专司鼓和擦板，这是班子中的关键人物，要通晓全部剧目和曲子，起引导作用；正吹一人，负责笛子、琵琶、唢呐和二胡；副吹一人，负责唢呐和板胡；小锣一人，大锣一人，大钹一人，小镲一人，冬鼓一人。此外还有教师、班主和杂务等。

唱十番一般在祠堂、庵庙或堂前进行，不需要舞台，也无戏装和道具，无须化装。

十番不是单纯的乐队，除了吹拉弹唱，还要演唱和说白。生旦净末丑角色齐全，有专司唱戏的，也有乐队兼唱的。演唱以绍剧为主，内容以忠奸斗争和断公案为主，演唱前都要拜唐明皇，整个演唱过程中都供着唐明皇。

十番班子纪律严明，遇有迟到或唱错都会遭班主严厉批评，甚至挨打。十番班子一般每年农历十二月廿九开始排练，为期一个月左右，到二月初迎神赛会正式演唱时结束。

5. 茶事茶俗

柿林村是中国高山云雾茶主产区，浙东地区道教禅茶主要发源地。茶人、茶事、茶道、茶祭已融入山区民众日常生活，成为风俗。目前已形成一个以余姚市茶文化为主体的产业带，中心在大岚镇四丰村、柿林村和大岚村。

柿林茶事

丹丘子的茶事传说　在"茶圣"陆羽之前,人们多崇尚"茶仙"丹丘子。相传丹丘子是余姚四明山上的道士,饮茶升仙,在四明山传说中影响深远。晋代有人借汉代东方朔之名,著《神异记》,书中有正式文字记载丹丘子。《鲁迅全集》第六卷收录了他的手抄笔录《神异记》,其中也有关于丹丘子的详录。黄宗羲撰写的《四明山志》阐述得更为明确,讲的是余姚人虞洪入山采茗,在白水冲上遇上自称丹丘子的道士,他牵着一群青羊,指出山中有大茗的地方。四明山中的瀑布岭、道士山、羊额岭等流传千古的地名都与丹丘子相关。可谓:"昔人已乘青羊去,此地长存羊额岭。岭上高山云雾茶,赢得茶人说到今。"后来,陆羽在《茶经》上把虞洪列为著名茶人。因茶发迹的虞氏成为余姚望族,后人人才辈出,且多与茶有缘。据传,丹丘子所指的山中大茗在羊额岭一带,云雾缭绕之巅,行政区域包括余姚市大岚、梁弄、鹿亭镇及上虞市部分地区。尤其是大岚镇,历来盛产优质绿茶,现有茶园2.5万亩,被国家有关部门命名为"中国高山云雾茶之乡"。

虞世南茶篇　史书记载的余姚茶事,目前能查找到的史料比唐代陆羽的《茶经》早一百年左右,是虞世南在隋代编著的《北堂书钞·茶篇》。今存160卷的《北堂书钞》是虞世南在秘书省后堂任职期间,将群书中可以引用、查阅的重要事物摘录、编纂而成。秘书省后堂又叫北堂,因此叫《北堂书钞》。中国"茶"字是由"荼"字分流出来,汉代以前尚无"茶"字,到了中唐,茶事兴盛,尤其是陆羽写出《茶经》后,才确立"茶"字。而在《北堂书钞》中虞氏已书写出"茶"字。唐代以前,余姚同地同姓者多为同宗。西晋道士王浮在《神异记》中提到在瀑布山遇丹丘子获大茗的余姚人虞洪,很可能是虞氏同宗。2008年春天,在余姚瀑布岭道士山发现了两棵口径0.13米、高3米多的大茶树,符合《神异记》中对"大茗"的描述。

陆羽《茶经》与四明山茶叶　唐代国力强盛,"茶圣"陆羽撰写了世界上第一部茶书《茶经》,把茶分为"上、次、下、又下"几个等级。书中记载四明山多产佳茗,有余姚"瀑布仙茗"和鄞州"榆荚村茶",并将瀑布仙茗的产地、来历、质地等记入《茶经·七之事》《茶经·八之出》中,还指出四明山产的茶为上品。又收录了《神异记》中丹丘子在四明山上赐茶的传说。

柿林茶俗

客来敬茶成为柿林村村民日常礼仪之一，同时茶用于祭天、祭地、祭祖、祭神、祭仙、祭佛等祭祀活动，与茶有关的风俗贯穿于人一生的各个礼仪活动之中，现择几种予以说明。

品尝仙茶 民间认为清明前采摘的茶叶"明前茶"最为名贵，因此时茶树刚吐新芽，只一芽一叶。用松子实做燃料，在普通陶茶壶中煮溪流中的净水，在壶中或杯中泡开新茶，只见芽叶舒展，香味浓郁，茶色碧绿，连泡六七次仍能保存茶味，谓之"明前仙茶"。从前，在姚江地区能品尝"明前茶"是很高的礼遇。因为这种茶价高量少，一般茶农不会轻易拿出。但清明这一天，大都会请客品尝"仙茶"。在宋、元、明、清时期，"明前仙茶"是姚江流域的主要贡品之一，号称"贡茶"。朝廷在梁弄开辟"御茶园"，专门栽培名贵品种，采摘"明前茶"，制成皇家御用茶叶送去京城。

盂兰盆会茶 七月十五日中元节，俗称鬼节，村民之间有"七月十三，城中枉死的孤魂野鬼都出来了"的说法，认为要"放光野鬼"，任他们"自由活动"五天，至七月十八才收进去。民间认为盂兰盆会是专门给鬼过节的。是夜，村民设席宴鬼，摆茶供鬼饮。家家户户从七月十三夜间到七月十八午夜，在天井摆七至九碗茶水，供过往鬼魂饮用，称之为"盂兰盆会茶"。而民间这段时间多演"目莲戏"，在戏台旁摆大缸盛"青蒿茶"供看客饮用。

剃头茶礼 柿林村有婴儿满月剃头的习俗。剃头时要祀神、祭祖，敬的酒称"剃头酒"。剃头要拣吉时，先焚香点烛礼神，供奉福礼、"十盘头"和"放生鲤鱼"，两旁罗列"三茶六酒"，由亲娘抱着婴儿叩谢神明。然后开始请理发匠为婴儿剃头。剃完头，理发师傅还要将祀过神的茶叶冲泡出来，冷却后，用新毛巾蘸茶水给婴儿洗头，再用温开水洗净，称为"剃头茶礼"。

寿诞茶 庆寿时祀神祭祖要备茶叶，贺客临门，主人必须先茶后酒。所献之茶一般是"糖茶"，客人吃了甜甜蜜蜜的糖茶后才上清茶。条件好的家庭，先献"莲子茶"以示子孙满堂，如同莲蓬结子。

茶与婚礼 茶叶被列为婚礼中必不可少的首要礼物。如今在柿林村，仍把订婚称为"喝茶""吃茶"，把订婚的定金称为"茶金"，把彩礼称为"茶礼"。茶叶也出现在婚礼礼仪中。新郎、新娘有喝"交杯茶""和合茶"，以及向父母农历五月初五正当初夏，多雨潮湿，细菌极易繁殖，也是各种蛇虫猖獗之时，而菖蒲具有提神、通窍、杀菌之功效，艾叶能驱蚊蝇。从前，乡民还认为它们具有祛毒辟邪的魔力，因此有"艾旗召百福，蒲剑斩千邪"的民谚。

七月十五中元节，又称"鬼节"。中元节是道教神地官大帝诞辰和"赦罪之辰"。村民认为这一天鬼魂都会出来，或到人间看望子孙后代，或捣乱给人带来灾异。这天是鬼的节日，人们在这一天需要祭祖、上坟。中元节在民间颇受重视，至今仍保留着祭祖、上坟的习俗。还会在沿江村落搭台举行祭神娱神的社戏，在姚江坝岸、泊口祭江神，举行盛大的傩神崇祭。

八月十五中秋节有祭月、拜月、吃月饼之俗。道教徒认为，这天是太阴朝元之辰，应守夜焚香，祭拜月神。

九月初九是重阳节，有出游登高、赏菊、插茱萸、放风筝、饮菊花酒、吃重阳糕等习俗。这一节日的起源传说也与道教有关。据南朝吴均《续齐谐记》中记载，汝南桓景，随道士费长房游学数年。费对桓说，九月初九你家中有灾难，应赶快回去，令家人各做绛囊，盛茱萸以系臂，登高饮菊花酒，祸乃可消。桓听其言，举家登山，夕还，见鸡犬牛羊暴死。后人沿袭成俗，为避免灾祸，都在重阳节登高饮酒，遍插茱萸。

十月十五下元节是水官大帝诞辰，也是水官解厄之日。是日，宫观建醮解厄，民家则多备丰盛菜肴享祭祖先、神灵，以祈福禄。

十一月的冬至又称"冬节"，这一天家人团聚，备办佳肴，祭天祀祖。民间至今仍重此节，有"冬至大如年"之说。道家认为冬至是道教元始天尊的诞辰，元始天尊是道教最高的神灵，是万神之主，是天地万物的创造者，因此村民对冬至十分重视。

腊月二十三是祭灶节，习俗是举行将灶神送往天上的祭祀活动。传说，灶王爷是玉皇大帝派至人间监督善恶之神，一旦发现令他不满的行为，就暗地里记上一笔账，等到腊月廿四他回到天上，向玉皇大帝做一次总汇报，然后降灾殃于有罪之人。因此在这一天，人们要在灶间摆上猪头和酒肉，烧香上供，祈愿灶神"上天言好事，下地降吉祥"。

燃放爆竹是节庆或喜庆的日子里必不可少的仪式，在现代人的眼里，放爆竹能增添喜庆氛围，所以为广大民众所欢迎，但其原始意义却是驱鬼辟邪。"正月初一日……鸡鸣而起，先于庭前爆竹，以避山臊山魈、恶鬼。"村民认为山臊春节是村民最快乐的节日，也充满了与道教神仙人物诞辰有关的传说和风俗习惯。

正月初五传说是米神的生日，这天不能淘米做饭，将米煮熟是大不敬的行为。这一天还是财神爷的生日，村民、商家、企业都祈愿财源广进。人们在这一天都要早早起床，以鞭炮、锣鼓和三牲酒席去迎接财神爷的到来。这一天夜里，合家要吃汤圆，因为汤圆形似"元宝"，又叫"进元宝"，村民认为这象征财神爷恩赐的财宝。正月初九是玉皇大帝的生日。道教经典说他历经三千两百劫，"渐入虚无妙道"，又经过一亿劫，才修成了玉皇大帝。还说他是元始天尊的后代，是太上老君送到人间来的。因此，对这位"总领宇宙、主宰之君"的诞辰谁也不敢怠慢。这一天，四明道观要举行神仙大会，善男信女纷纷到宫观去叩头进香。正月十五元宵节是新年后的第一个月圆之夜，故称为"上元节"。道教认为天、地、水为三元，又称三官，主管人间的祸福、鬼神的升转，以正月十五、七月十五、十月十五为三官生日，正月十五就是天官大帝的诞辰。这天，道观常常举行斋会，善男信女也要去三官殿堂进奉香火。正月十五还是厕神紫姑的祭日，人们摆上供物，迎请紫姑，向她占卜蚕桑农事和吉凶祸福。

二月春暖花开，二月初二是土地神的圣诞。土地神与民众最亲近，村民认为他能保佑五谷丰登、六畜兴旺、家宅平安、添丁进口。因此每逢二月初二，民众莫不烧香供祀，顶礼膜拜。旧时凤亭、丈亭、陆埠等乡民庆贺土地神生日，"官府谒祭，吏胥奉香火者，各牲乐以献。村农亦家户壶浆，以祝神釐"。现在沿姚江部分偏远的村落还保留有这种祭祀习俗。

清明节也是一个传统节日。民俗活动主要是扫墓祭祖、踏青戴柳。人们祭祖踏青归来时，折上几根柳枝扎成圆圈或帽子形状戴在头上，或将柳枝插于屋檐和门窗上，这是因为传说柳条有避灾驱毒之效。在姚江稻作乡村，清明节除了祭祖、踏青，还要祭蚕神。道教认为蚕神为玄名真人所化，据说，灵宝天尊悯人间苦乐不均，衣无所得，乃命玄名真人化身为蚕蛾，教村民养蚕织衣，村民感德，立祠奉祭。梁弄、马渚旧时皆有祭蚕神习俗。

五月初五端午节。民间传说姚江地区该节的形成与道教为姚江水神、龙神而举行的神祭有关。在县城玉皇山的姚江三江口，每年端午节都举办划龙舟比赛，主要仪式有请龙、祭龙。村民还有端午节时在门前挂菖蒲和艾叶的习俗。"五月五日，四民并踏百草，又有斗百草之戏。采艾以为人，悬门上，以禳毒气。"

功夫。炒茶要根据嫩叶在慢火炙热的茶锅中的变化，熟练运用各种手法炒制，才能使茶叶扁平挺秀，光滑匀齐，翠绿略黄，香馥若兰。开采日全家要吃青团子，炒茶之夜要吃红糖鸡蛋。

茶风茶歌 山区种茶、开茶梯、挑粪上坡这些重体力劳动由男子担任，播种茶籽、培植茶苗、采摘、揉制大都由妇女担任。世居深山的劳动妇女们在劳动中创造了千百首"茶歌"，又称"山茶歌"。茶歌有几十种曲牌，如《茶歌》《采茶歌》《采茶》《茶号子》等。这些茶歌从各个角度反映茶农的生活、情操和当时的社会情态。许多文人骚客也以采茶为题材作诗，或赞美，或记叙采茶境遇。虞世南在隋朝任秘书郎时，咏故乡余姚茶事"芳冠六清，味播九区"。陆羽《茶经》载："浙东茶叶以越州为上，余姚瀑布仙茗尤佳。"四明山民歌《采茶歌》唱道："采茶去，去入云山最深处。年年常作采茶人，飞蓬双鬓衣褴褛。采茶复采茶，不如去采花！采花虽得青钱少，插向鬓边使人好。"

名茶品鉴 四明龙尖是20世纪80年代初创制的新茶。因创制年份是龙年，又多采用云雾茶芽尖精制而成，故名"四明龙尖"。工艺要点有杀青、整形做条、烘干等。成茶后，外形细紧略扁，香高味醇，色泽翠绿，汤色清澈明亮，饮之有一种山间特有的兰花香味。四明山区还盛产国家级名茶，陆埠三女山山麓有皇帝御笔亲题，列为贡品的"四明十二雷"，还有产于河姆渡的"河姆渡野茶"和产于十五岙化安山的"化安双瀑茶"等。

6.道教习俗

道教是对四明山区影响极大的宗教文化，影响着民众的传统生活和传统思维方式。乡村民间习俗早已被道教文化打上深深的烙印，村民的生活大多与道教有着千丝万缕的关系。

与道教有关的年、节习俗

柿林村岁时节物，与四明山道教的传说相关，许多活动源于道教传说中的崇祭礼仪，把传说化为祈福的活动仪式和庆典。燃放烟花爆竹、悬挂桃符、贴门神春联等风俗，实际上都是道教祛灾辟邪、驱鬼避瘟等法术的体现，对现代人的生活习俗有较大的影响。

尊长敬献"谢恩茶""认亲茶"等仪式，与民间日常以茶待客的礼仪相关。

道教茶祭 茶祭与四明山道教有关，道教徒炼丹服药以求脱胎换骨、羽化成仙，而茶是道教徒的首选之药。宫观里祭祀奉新茶及道教徒的宣扬，提高了茶的地位，也把茶祭风俗带入民间。因为茶叶是尊天敬地、拜佛祭祖最常用的祭品，所以从前四明山和姚江村落的很多道宫、神庙、寺院都种茶，所收茶叶一饷香客，二供佛敬仙，三堪自用。

民间祭祀茶俗 在柿林村，自然崇拜、祖先崇拜等原始宗教信仰和祭祀活动中都有以茶为祭品的习俗。山区农业相关的祭祀活动更是频繁，从春播到秋收，都要举行一系列的祭祀活动。一般用饭菜、酒和茶叶这三种祭品，将它们分成三份，放在供台、供桌之上。如乡民在每月初一、十五点灯敬茶祭土地神，祈求土地神保护人畜平安。丧葬祭祀都要用到茶叶、米粒、黄酒，因为村民认为这样死者才能到"地府"。

柿林茶道

柿林村山区家家种茶，人人饮茶，人们上山下田均带茶壶，家中来客不问亲疏先泡茶、敬茶。旧时在村中和道口设立茶亭，礼待过往行人。柿林茶道表现出茶乡"敬、和、俭、静"的民风。敬即茶品高雅，以茶敬客，表达对客人的尊敬；和即茶叶清和，世间万物和谐相生，人与人之间平等相待；俭即茶性俭，君子之交以茶当酒，行俭德养廉；静即品茶启发思情，修身养性，静以致远。

自古以来除了饮茶，村民还创造出种茶、采茶、制茶等一系列茶文化风俗。殷勤朴实、世居深山的茶农将种、采、制的技术代代相传。柿林茶很早就进入官宦王侯家，柿林村还曾是贡茶的基地。18世纪初，四明山云雾茶还被输往俄国、英国、日本。

采制习俗 民谚常说"柴米油盐酱醋茶"，茶很早就成为人们日常生活的必需品。茶分春茶、夏茶和秋茶三种。采茶讲究季节，一般春茶在抽出一芽四叶或一芽五叶时采收，夏茶在抽出一芽三叶或一芽四叶时采收，秋茶在抽出一芽二叶或一芽三叶时采收。采得过早，芽头小，影响收成；采得过迟，叶质老，又会影响质量。茶谚说："前三日早，正三日宝，后三日草。"茶乡有"女采茶，男炒茶"的习语。妇女们心灵手巧，采得又快又好。男人身强力壮，手有劲，适合炒茶。炒茶有抖、带、挤、甩、挺、拓、扣、抓、压、磨十法，全靠手上山魈、恶鬼害怕亮光、爆竹声和红色，所以人们利用响声吓退它们。不过早年间的爆竹是将竹节放于火中烧裂发出巨响，据说当时用丹炉炼丹的道士无意中发明了能产生巨大声响的火药之后，就把它应用到驱邪保平安的法术中，制造出各种各样的爆竹，以代替用火烧竹节的方法。

挂桃符、贴门神、贴春联都是春节习俗。腊月三十或正月初一，各家各户清早起来在门前挂桃符，贴上门神以及写在红纸上的春联，以求避凶趋吉，家宅安宁，增添节日气氛。桃符由两块长七八寸、宽一寸多的桃木做成，上书祛祸降福的吉祥话，春节时钉在大门两侧。桃符起源于《山海经》中的民间神话，据说有辟邪作用。门神是贴在大门上的可驱鬼辟邪的画像，贴门神的习俗由来已久。《荆楚岁时记》中就有载："正月一日，绘二神贴于左右，左神荼，右郁垒，俗谓之门神。"相传神荼和郁垒是东海度朔山上把守桃树的两位神将，能食百鬼，因此民间将神荼、郁垒像画在桃木板或纸上，贴于门上，专门治鬼。他们是我国民间最早描画的门神。唐宋以后，门神改为钟馗打鬼的画像和唐太宗的两位大将秦叔宝、尉迟恭持剑执鞭的画像。贴春联是由挂桃符演变过来的一种春节习俗。起初，人们在桃符上题诸如"姜太公在此，百无禁忌""有令在此，诸恶远避"等压邪的符咒。五代时，后蜀主孟昶在桃符上题写联语："新年纳余庆，嘉节号长春。"这可以算是最早的春联，但民间并未普及。据说明太祖朱元璋定都金陵时，不准在桃木板上题字，而改在红纸上写，并传令公卿士家门上都须贴春联一副。从此，"春联"之名才广泛流行，贴春联之俗才大兴。现在的春联不仅是辟邪物，还是人们抒发对现实生活感受和对理想生活愿望的一种特有的民间文学形式。

法术风行祈平安

残存的道家法术　山民祛病消灾的法术由道教传承下来。旧时村民生了病往往请道士，希望道士能用法术驱逐致病的妖孽鬼祟。近代柿林村仍遗存了请道士作法驱逐妖孽、举办斋醮法事的习俗，这种驱妖的法事场面一般较大，一般历时一天一夜，长的还有三天三夜的。道教对姚江两岸民间生活的影响，目前还表现在丧葬习俗方面。人去世后家中要请道士来做道场"超度"亡灵。为亡人"开路""打绕棺"和"接煞"。同时，道教对民间生活习俗的影响还表现为村民自己充当道教仪式的主角，自己施行某些法术。也有用道教的符箓方术，在病人的床上或大门上贴上黄纸,上写"北方真武玄天上帝斩妖治邪""姜太公在此,百无禁忌,诸邪回避"等文字。姚江两岸部分村庄有专门操此营生的道士。随着老年道士先后去世,目前乡村道士的组成也产生了变化,一些文艺团队的队员加入道士行列,在乡村专司丧俗,只是现在的仪式与旧时的表现形式有所不同。

建醮祈福的法术 "醮"属祭名,为祭神之意,汉末道教盛行之后逐渐衍变成僧、道设坛祭神的专有名词,其原始意义主要在于祈求风调雨顺、国泰民安。由于受信鬼尚巫之风的影响,建醮的目的结合了祈神酬恩和施鬼祭魂,成为旧时姚江地区乡村民间规模盛大的祭典。

醮祭的种类繁多,常见的有祈安醮、瘟醮、庆成醮、火醮等。其中,庆成醮系庆祝庙宇的落成,常与祈求平安的祈安醮并行实施,合称"祈安庆成醮",醮祭中也多采用这种方式。因瘟疫流行而祈祷平安的瘟醮,以及为水灾、火灾死者祈福的水醮、火醮,都较少见,往往附属在祈安庆成醮仪式中举行。以醮期的天数分类,则有一朝醮、二朝醮、三朝醮、五朝醮等。其中以长达五天的五朝醮规模最为盛大,三朝醮次之。但因三朝醮仪式内容相当充实,可以媲美五朝醮,且较易举行,故三朝醮多被视为标准规模。

民间举行建醮的时间,多集中于春、秋两季,以春分、秋分为高潮,因为这些时间正好是农村春播之前、秋收之后,反映了民间祭祀顺应生产的季节性。

建醮的经费来源为"斗灯首份"与"丁口钱"两种。斗灯设于道场内,名目多达数百个,且分等级,重要的如天官首、地官首、水官首等,其中尚有象征醮域全体信徒的"总斗灯"一个。斗灯首份需按名目的等级缴纳多寡不等的款额。由于信徒对斗灯有着莫大的尊崇,在认捐时十分踊跃,争先恐后输诚,以祈神明降福,因此这是一项可靠的财源。丁口钱则是面向醮域内的信徒,不分男女,每人捐献小额钱款,以资建醮费用,是沿用已久的筹款方式。

一般由宫、观管理委员会出面总理醮祭活动的一切事宜。醮祭时,醮场须竖灯篙,旨在对天神、地祇、孤魂野鬼等明示此地在举行醮祭。灯篙通常立在庙前,阴阳分开,左边对天界神祇,右边则对阴间幽灵,天界神祇的中间最高竿须悬天灯。竖灯篙之后放水灯,意为使含冤落水或失足落水的怨鬼可借此分享醮祭。在醮祭期间,醮域内村民须全面食素禁屠,市场亦禁卖鱼肉腥荤。醮祭至最终日晚十二时结束,斋戒禁忌才解除。翌晨,家家户户备妥牲礼"拜天公",中午举行过火仪式,信众踩过火堆,丝毫无伤,以显示降福辟邪的神力。傍晚则家家户户备祭品普度。到晚上普度结束,家家户户大开筵席,宴请亲友。到午夜,由道士行"谢灯篙"礼,将篙竿拆除,醮祭典礼才圆满结束。

建醮仪式结束后,供奉神位的正厅一个月内谢绝外人进入参拜,保持圣堂洁净,唯恐感染外人污秽之气,影响建醮成果。建醮的完成,不仅满足了民众的心愿,带来心神上的安宁,还具有娱乐的效果,使村民在农忙之余得以欢乐一番,也促进了人与人之间的和睦相处。

四明山道教声腔与法事音乐

法事音乐 秦汉以来,四明山仙风极盛,随着道教发展而产生的道教音乐,经唐、宋、元、明、清五代一千多年的不断改进和充实,成为传统文化的组成部分,具有浓厚的宗教色彩和高度的艺术内涵。四明山道教音乐的特色在于曲调平顺缓和,唱腔迂回婉转,音乐优美婉转,音韵缥缈,回味悠长,也有少量激昂雄壮的。主要的音乐流传至今,大多用于民间的法事仪式。

法事音乐又称"道场音乐",大多用于道士诵经、赞礼和各种祭祀活动,在今余姚大岚、梁弄、马渚、泗门、陆埠镇以及余姚市区还遗有它的踪迹。法事音乐基本具备道教音乐常有的两个部分,即"器乐"和"声乐",基本器乐以铜磬、木鱼、锣、大小鼓为主体,配有笙、横笛、箫、管等管乐和月琴、胡琴、二胡等弦乐。声乐由法师诵经、赞神吟唱以及道士们合唱组成,类似于人们常说的"课本剧"。器乐运用于法事的起始、过门、队形变化、唱曲的伴奏,声乐与器乐互动,相互呼应。马渚一带在做法事过程中结合诵、赞、颂、偈等说唱形式,其音乐主要是为了配合斋醮法事活动。

"敲黄昏音乐",又称"做道场音乐",主要用于丧礼,例如人死亡后的祭礼、"做七""做周年"的祭祀,是以拜皇忏形式为死者"做功德"的一种音乐活动。主要有三道头、号场、梅花场(多用大开门曲),同时结合早功课、修经、发符、斋主发虔诚、香谒、忏法姻缘。

道腔艺术 自唐代始,随着四明山道教的兴起,道士徒唱、赞唱在人们心中身价倍增,成为道家向世人宣传道教精神文化的载体。随着道教的发展,道教音乐兴起,以活态文化的面孔,出现在姚江流域乡村。姚江道教音乐唱腔艺术,由诵经曲、配乐曲、民间小调或戏曲曲牌三部分组成。演奏时笙、笛、管、簧齐鸣，锣、鼓、镲、钹齐奏，张弛有致，强弱分明，既庄重肃穆，又明快亲和，尤其是诵经曲唱赞，受到官绅庶民的青睐。道家结合地方山歌、田歌、渔歌曲调，融入道教音乐和诵经曲目，形成了一种奇特的道教音乐元素。这是一种不需要众多的乐器伴奏，却有着丰富的故事内容，以生动的音乐人物形象为载体的演唱形式，满足了民众对文化生活的需求。历经唐、五代、宋、元七百余年的时间，到明、清时期达到鼎盛。

姚江道腔脱胎于道教音乐"母体"，演唱的道士可根据曲目题材、内容的不同，以及演出场合、对象的不同，在演唱时即兴发挥，衍变出多种唱法，演唱形式一般都带有道教音乐的痕迹。演唱者的装扮仿效庙堂里出门化缘的道士，头戴瓜皮小帽，身穿颇似灰色道袍的长衫，脚穿千层底布鞋，身背用来装食物、赏钱的钱褡。大约至明中期，姚江道腔艺术兴盛，导致观众群体扩大，余姚地区从事唱道腔音乐工作的人员增多。据说演唱时，有的表演者一身多任，既是演唱者，又是伴奏者，其手中所持之物，既是乐器，又是道具，对演唱内容的表达起着至关重要的作用。

7. 现代新兴产业习俗

四明山"丹山赤水柿子节"

自 2003 年起，每年金秋十月都是柿林村一年中最绚烂美丽的时节，柿林古村周边漫山遍野的柿树结满了大小不一、鲜红透亮的"吊红"柿子，成为一大景观。每年 10 月 11 日，宁波"丹山赤水柿子节"暨"第九洞天道教养生文化节"开幕，都会吸引一批批游客。目前已成功举办了十三届。

每届柿子节为期 20 天，除了开展柿子采摘活动，还举行"柿子宝宝邀你一道来赶集""老柿林营地""道教文化及养生论坛""山水雅集表演""大岚民宿经济推进会""网民'看看看'活动"等系列活动，让游客在摘吊红、游柿乡的同时，享受购山货、品土菜的农家野趣，充分体验金秋季节的山乡风情。

中国高山云雾茶开摘节

每年 5 月，村里茶农大户代表联合市内主要旅行社，举办以民俗文化为内容的"中国高山云雾茶开摘节"活动。在村中广场上举行舞龙、舞狮等民间文化活动，在茶园举办开摘仪式，现场进行炒制名茶表演。作为四明山区高山云雾茶传统产区，柿林村名茶生产至今已有五百多年历史，主要品种为"四明龙尖"。此茶于1988年经国家商标局注册品牌，是采用大岚山中的云雾茶芽尖精制而成的绿色珍品，叶片色泽翠绿，形状细紧略扁，香气持久，有一股山间特有的板栗香，茶汤色泽清澈明亮，口感浓醇，叶底嫩绿成朵。"四明毛尖"曾荣获国际名茶评比金奖、茶业博览会金奖等奖项，2007年又获得"宁波市八大名茶"称号。现在有茶园约0.34平方千米，依托全镇现有7家名优茶企业、60余家粗茶加工企业，将名优茶加工和民间手工茶叶制作相结合。茶叶价格从每公斤120元到每公斤6000元不等，成为村民主要收入来源之一。

民宿农家乐厨艺技能展示节

全村现有38家民宿、餐馆等"农家乐"经营户，年接待游客量20余万人次，旅游收入达3000万元。为提升旅游景区服务质量，柿林村与余姚市菜研究会、市三职校职高烹饪班、余姚厨师学校联合，举办柿林农家乐厨艺比赛活动，包括刀功和菜品比赛、优秀农家菜谱评比、民间厨艺表演展示，邀请游客品尝农家菜。

杀年猪风俗

每年农历十二月二十五，村民都要组织山区杀猪、宰羊的高手，结合传统春节临近，祭祖、祀神的民间风俗，集中宰杀村民自养的生态猪，并以宰杀的第一头猪举行杀年猪仪式。用红纸包住猪头，用红绸布条、红丝线系猪腿和条肉，并盖上民间吉祥"福"字剪纸，先敬天地祖宗，再祭拜神灵，形成山村有年味的一种民间新风俗。多年来，当地镇政府针对城市菜市场饲料猪居多的现状，为农民喂养的自栏猪制定和出台农家猪补助政策，鼓励村民以山区草料、番薯藤、玉米、谷糠等为主食养猪，推行山区生态饲养。

（六）民间文学

1. 传说故事

幢起岩传说

柿林村处在群山环绕之中，环境优雅，气候宜人，物产丰美。但是一出村就要翻山越岭，也是一件痛苦的事情。当地流传着一句俗语："出门三条岭，饭包挂头颈。"说的就是柿林人出行的不便。

相传有一天，八仙之一的吕洞宾仙游路过此处，看到行人肩挑背驮，在陡峭的山岭上攀爬，黄豆大的汗珠顺着脸颊一串串地滚落，每个人脸上都挂着痛苦的表情。吕洞宾看在眼里，动了恻隐之心，打算架一座桥连接这边的岭头和对面的丹崖，免除人们翻山越岭之苦。于是吕大仙人念动咒语，运用"移山术"从别处移来两块巨石叠在一起作为桥墩，正准备布置下一个桥墩，一个中年妇女背着竹筐气喘吁吁地赶来，看样子是上山打猪草的。她看见吕洞宾幻化成的老头在路边摆弄巨石，好奇地问："侬个阿叔，侬在做啥个？""造桥。"吕洞宾随口应道，头也没抬地继续他的工作。"造桥？"村妇追问了一句，语气里充满了惊讶。吕洞宾停下手中的活，抬起头看到村妇两眼瞪得老大，嘴巴也张得老大，一脸惊诧地愣在那里，问道："阿嫂，你瞧这桥是造得成还是造不成？""要造这桥么……除非神仙下凡。"村妇答道。但看到吕洞宾充满期待的眼神，又改口说："侬个阿叔来造么，造得成，造得成。"因为是安慰话，所以说完后情不自禁情地拉动嘴角，露出鄙夷的神情，说完，农妇便匆忙往山上去了。吕洞宾一心想着造桥的事，没有注意到村妇的表情。村妇走后，吕洞宾琢磨起刚才的话。"造桥？除非神仙下凡。侬个阿叔来造么，造得成。"这样一想，吕洞宾不由得大吃一惊："这里号称第九洞天，看来能人果然很多，居然连一个村妇都能一眼识破我的神仙身份。既然如此，这桥还用得着我来造吗？险些在同行面前闹出笑话，丢脸！丢脸！"这样想着，吕大仙人脊背上渗出一丝冷汗，于是，丢下这半拉子工程匆匆而去。

（搜集整理：李善斌）

撒药岭的传说

　　撒药岭位于柿林村雄峻奇绝的丹山赤壁和潭洞幽深的赤水溪边，当地人称"小岩岭"。小岩岭山势峻峭，岭高坡陡，过赤水桥沿山坡而上，有620级石阶砌成的山间古道直达岭顶。山腰间岚气阵阵，幽谷中迷雾腾腾，人登其阶，犹如攀登擎天梯游天宫一般，有一种腾云驾雾的错觉。石阶天梯路的两边林深竹翠，景色秀丽，石阶古道两侧沿坡地上长满了各种奇异的草药，据说，岭上草药为吕洞宾所撒。这里有一个有趣的传说。

　　相传，当年吕洞宾下凡仙游，路过一家药店，见招牌上写着"万药齐全"字样，便入内想要戏弄人家，却不料反被店主之女白牡丹戏弄，落得个狼狈而逃的下场。本想上泰山一游，因心情不好，便嫌山高道险，想到苏杭游江南胜景，又嫌人声鼎沸，不够清净，于是便一路东行，过钱塘江入会稽，漫步山阴道上。清静幽胜的山水美景使吕洞宾心情大有好转，于是便走走停停。不知不觉中他来到四明山，见一峭壁深谷之处岚气升腾，风光秀丽，不禁眼前一亮，觉得如此胜景远胜天宫，心中顿觉惬意。这时，他神目四眺，见对面岭顶林木茂密处有一道观，仙乐阵阵，吕洞宾意欲进观游学，便信步而去，过赤水桥沿山坡登石阶悠悠而上。

　　行至半山腰，见路边有一水潭，潭中有一条毒蛇口吐蛇信，泄毒于潭水。这时，只见山下正有一山民肩挑柴担拾级而上，吕洞宾见状料想会发生一些事情，便歇息于潭边，把药箱置于显眼处，静观事态发展。这时，山民担柴登阶，气喘吁吁来到了潭边，已是挥汗如雨，便在潭边荫凉处放下柴担，用衣襟擦去头上的汗水，移步到潭边低头饮起山泉，饮后坐在潭边石块上休息。不一会儿，山民腹中疼痛，声声呻吟。吕洞宾想，这下你总该来求我了吧，于是便故作清高状，不理不睬冷眼观察。谁知那山民伸手取出随身所带的独瓣大蒜，放入口中猛嚼几口后吞下肚里，只一会儿便气缓神定，痛苦样子全无。片刻便又挑起柴担健步登阶，上岭而去。气得吕洞宾七窍生烟，他想，自己药箱中仙药灵丹无数，却不被凡人所识。只见他仰天长叹道："凡人自有凡人药，仙神有药也无用。"懊恼中把药箱中的仙药灵丹统统取出撒在山岭上，谁知那仙药灵丹一落地便生根成活，从此岭上长满了各种药草，"撒药岭"也就由此得名。

（搜集整理：杨鹏飞）

冷龙潭的传说

此潭由瀑布冲击而成,潭水碧绿,清澈见底。关于它还有个美丽的传说。相传在很久以前,这个潭里来了一条小龙。小龙发现这里环境优美,景色秀丽,便定居了下来。小龙自在惬意地在这里生活了几年后,渐渐长成了大龙。龙大了,潭就显得小了,住得也就不那么舒畅了。于是,大龙准备给它的家重新"装修"。

大龙开始作法。霎时,云翻浪滚,飞沙走石,狂风夹着暴雨呼啸而来。大龙只顾自己痛快,与它毗邻而居的民众却遭受了灭顶之灾。房屋被摧垮,田地被冲毁,村民衣食居住全没了着落。悲痛中人们想起龙归天庭管辖,便找玉皇大帝讨说法。玉帝听完凡间黎民的哭诉,非常气愤,将大龙痛斥了一顿,责令它即刻迁往东海,永远不许再回来。

从此,这个潭恢复了往日的宁静。人们想起与大龙秋毫无犯的那些日子,便把这个潭起名冷龙潭。

(口述:柿林村望溪路豆腐沈氏　整理:沈升驰)

柿林白桃花

柿林村村后山坡上古树成群,参天而立。白桃花树立于古树和香榧树林中,主干需三四个人合抱,树芯已被蛀空,足可藏人。苍老的树皮上苔斑层层,老树根裸露,乍一看犹如一棵枯树,抬头观之,老树干上生出众多新枝,生机勃勃。白桃花树迎风战雨、傲雪凌霜、伤痕累累。虽经历千年沧桑,却仍傲然挺立,实在奇异。柿林村古树众多,而白桃花树却独一无二,非常神奇。说到神奇,传说此白桃花树来自天宫玉帝的蟠桃园。当年齐天大圣大闹天宫,被玉帝招安后安置在蟠桃园看管蟠桃。一天,王母娘娘为设蟠桃宴会招待众仙,命瑶池仙女去蟠桃园摘蟠桃,齐天大圣探得没有他的份,不由得怒火中烧。他将众仙女用定身法定住,自己便上树美美地睡了一觉,醒来见蟠桃园一片狼藉,自知闯下大祸,玉帝岂能饶过他。与其在天宫受罚,不如一走了之,于是便举目四望,见一棵桃树上还有一只蟠桃又红又大,便一个飞身跳了过去,摘下仙桃便从南天门逃了出来。一路上仙桃在手,有碍行程,孙猴子便边走边吃,行至大岚上空时只剩桃核了,孙猴子便把桃核吐出,这桃核飘飘忽忽,正巧落到了柿林村边的山坡地里,便入地发芽,长成了这棵独一无二的白桃花树。此白桃花树每当三月阳春，枝头桃花绽开，飞白如雪。树林中松青、榧绿、桃白，甚是奇秀。据传，白桃花树每五百年才结一次果，凡人若能见果，乃大吉大利之兆，故村人对它尊敬有加。

（口述：沈炳荣　整理：李善斌）

同心井传说

650年前的某一个金风送爽、风和日丽的日子，大岚山山顶迎来了行色匆匆的三个身影，他们注定将改变这里的历史，这就是沈太隆和他的妻子、儿子。相传，柿林村的始祖太隆公特别喜爱山水，他的游踪遍布天台山、雪窦寺、四窗岩等地。这一年秋冬之际，他背着饭盒翻山越岭继续寻觅佳境，游到丹山赤水时，为眼前的优美风景所倾倒，为了减轻负担，他把饭盒挂在一棵小树上，继续他的游程。到中午返回取下饭盒准备吃饭时，发现饭盒还有余温，太隆公断定这是块好地方，就在小树周围开挖，果然挖出了泉水，这就是现在村中的古井——同心井。于是他带着妻子和儿子在井旁搭建草屋，就此定居下来，后来逐渐成为一方大聚落。

太公择址隐居的历史故事，加之柿林村地处山腰台地上，巨崖深谷，云蒸霞蔚，有如人间仙境，使这个深山古村成为名副其实的"高士隐居的村落"。

（口述：沈国强　整理：沈升驰）

崇祯之子"朱三太子"隐居传说

在柿林村村民之间口口相传着一个故事。明朝崇祯皇帝的一个儿子从青年时期就隐居四明山，直至七十多岁才在余姚被官府抓获，押送至京城被康熙皇帝下旨杀掉。民国时期邑人有笔记，曾专门讲过这件事情。

相传1644年3月，李自成攻破北京城，走投无路的明崇祯皇帝对三个儿子太子慈烺、定王慈炯、灵王慈焕做了吩咐，让他们投奔外祖周奎家，自己则在煤山上吊自杀。李自成进京后，没有杀死这三个孩子，反而把太子封为"宋王"，让一个姓杜的将军予以照管。吴三桂引清兵入关，李自成率农民军和吴兵、清兵大战于山海关，战败后迅速撤离北京。即使在这种情况下，他也没有杀死崇祯帝这三个皇子。清兵占领北京后，太子慈烺被其外祖父周奎献给清廷，清廷借口说太子是假冒的，杀死了太子，并且把能证明太子不是假冒的15个人也全部杀死，而说太子是假冒的人都活了下来。1644年6月，明朝在南京的官员拥立了福王朱由崧为帝，改年号为弘光，这时也有一个自称是太子的人投奔南京，引起了南京政权的内讧。这个太子据说才是假的，是清廷派去的"间谍"，借以引起南京内讧，使弘光政权早日垮台。

李自成的农民起义军撤离北京后，灵王朱慈焕被李自成部下一个姓毛的将军带着逃到河南，他们卖了战马，买了耕地，准备种地为生。但是由于清朝查捕起义军的风声很紧，毛将军自顾不暇，只好扔下慈焕南逃了。慈焕当时只有13岁，便自己从河南往东南流浪到他祖先朱元璋的故乡安徽凤阳。凤阳有一个姓王的乡绅，在明朝时做过谏官，了解到朱慈焕的身世，便收留了他，并且让他冒充自己的孩子改名叫王士元，和家里的孩子一起同窗读书。慈焕十八九岁时，王乡绅病故，他就又离开凤阳，流落到江南，因无所依靠，只好在一座小庙里落发为僧，苟延岁月，偷生度日。后来又在浙江余姚四明山上的一座古庙里度牒挂单安身。

有一日，一个姓胡的四明山乡绅来到此庙，此乡绅是个秀才，以前是个教书匠，只生了一个女儿。在庙里和慈焕闲谈，发现他知书识字，颇有才学，便说："子有如此才学，何为流于空门？"于是将他带回家中，让他改换衣帽，边耕边读，后来又把女儿许配给了他，于是他入赘在余姚四明山胡家。胡氏本是姚北人，为躲避战争迁居到大岚山，慈焕便也在丹山住了下来，主要靠教书维持生计，平时又跟随胡氏去县城的店铺帮忙做事，偶尔在余姚县城的南城学宫里向前辈讨教学问，还去过王阳明老家的瑞云楼。但是，他担心被别人利用，害怕成为反清的一块招牌，所以不敢去余姚县城长住，而是长期在四明山一带辗转，一直以教书糊口。过了些年，他又通过朋友的介绍到山东张岱霖等人家中教书，到山东后改名叫张用观。他小心谨慎，唯恐暴露，以至于在山东和李方远等人相识二十余年，李家只知道他是浙东名士张老先生，连他在浙江时名叫王士元也不知道，更不知道他真名为朱慈焕，是先朝的皇子了。

到了清朝康熙年间，四明山上大岚山的天地会分堂僧一行（大岚山寺院里的和尚）扯起"朱三太子"大旗造反，让朱慈焕甚感惶恐。事发根由是他自己几年前的一次口风不严。按理说，环境如此险恶，朱慈焕应该守口如瓶才对，但是，人总是有倾诉的欲望，特别是作为一个前朝皇子，如今却沦落为到处打秋风讨饭吃的可怜教书先生，还做了赘婿。巨大的心理落差难免让他产生不平衡感。到了晚年，朱慈焕觉得自己可以松口气，所以有一次酒后，在柿林村丹山峡谷的家里，向一位交往很久的老友透露了一点自己的"秘密"。可是世上没有不透风的墙，这个爆炸性的消息很快传了出去。四明山本来就是一个火药库，一批反清义士经常将此处作为根据地。因此一位志在反清复明的念一和尚听闻此事，就在康熙四十五年（1706）打起朱慈焕的旗号，在大岚山起事。

朱慈焕带着老婆孩子躲到了宁波。未料慈溪县城的叶氏兄弟，计划携朱慈焕的儿子朱壬"欲为匪"，后因事机泄露作罢。后来，朱慈焕又化名何诚躲避到镇海县。房东张月怀借机以"朱三太子"的名义，秘密开展反清活动，朱慈焕因此整日惶恐不安。

康熙四十五年（1706）这一年间，朱慈焕先后逃往湖州市长兴县和山东省汶上县避难。康熙四十七年（1708）4月，朱慈焕还是被抓了。在抓他之前，余姚县县令接到浙江布政使通告，曾到柿林村丹山他的家中搜查。闻听官兵来捕，气势汹汹，知道大事不好，除了两个儿子和孙子外，其他人"皆投缳，六命俱尽"。朱慈焕也在汶上县被清廷抓获。

后经九卿科道会审，审讯结果证明他是清白的。虽然念一和尚打着他的旗号，但其实从来没有直接联系上他。官员们当堂让念一和尚来与朱慈焕对质，"及提先生对质，又云不相识"，证明两个人根本不认识。朱慈焕为自己的辩护也是极为有力，他说："吾数十年来改易姓名，冀避祸耳……吾今年七十五岁，血气已衰，须发皆白，乃不反于三晋变乱之时，而反于清宁无事之日乎？且所谓谋反者，必占据城池，积草屯粮，招军买马，打造盔甲，吾曾有一于此乎？"审问官员也觉得朱慈焕所供有理，将审问结果上报给康熙皇帝。皇帝几年前还说过要访查一位明朝后代来当官，这个朱慈焕看起来是最佳人选，所以官员一时对他很关照，给他好吃好喝，就等着皇帝做出处理决定。

不料，事实证明，康熙皇帝所说的"查访明朝后裔"，其实是别有所图。如今，真的"朱三太子"落网，他大喜过望。虽然康熙一生都以"宽大仁慈"闻名，对手又是一个七十五岁手无寸铁的可怜老人，他却绝不放过。皇帝发下谕旨："朱三，即王士元，着凌迟处死。伊子……俱着立斩。"几个已经投降清廷的明朝老太监辨认后也均称"不认识"。于是，清廷判定朱慈焕为"假冒"，将其凌迟处死，儿子孙子也全部被斩。

逃亡一生、须发皆白的朱慈焕，被押上了刑场，亲眼看着儿子被斩首后，自己又被一刀刀凌迟。至此，崇祯的子孙被彻底消灭，真正是"白茫茫一片大地真干净"。

（搜集整理：杨鹏飞）

回马亭的传说

在距柿林村村口二里地的地方，有一座供来往行人歇脚休整的石头凉亭，乍一看，这凉亭乃是山区常见的古凉亭，与其他凉亭并无什么不同之处。但在这个凉亭边发生过的阻挡侵略者的传说，给这个普普通通的凉亭增添了传奇色彩。

其一　传说，当年元朝灭、明朝初建时，大岚山山麓有一股元军散兵在此落草为寇，他们杀人放火、打家劫舍、祸害百姓、无恶不作，成为人人痛恨的山间匪寇。一次，这股匪寇策马来到柿林村，妄图血洗整个村庄。当匪寇的马队来到凉亭边时，一阵山风加泥石流从天而下，风刮得日月无光，满天飞沙走石，一行马队突然调头狂奔，奔马把马背上的匪寇颠了下来，有的被马拖死，有的被马踩死，一时间匪寇的队伍大乱，他们手足无措，哭爹喊娘，死伤过半。此后他们再也不敢来柿林村烧杀抢掠了，凉亭由此留下了神秘的传说。

其二　发生在凉亭边的另一件事，则使这貌似平常的凉亭显得更为神奇。当年，日本军队大举侵略中国，四明山山麓也遭到了日寇铁蹄的肆意践踏。日本鬼子为了消灭我浙东抗日武装，对四明山区实行了残酷的"烧光、杀光、抢光"的"三光政策"，鬼子一路烧杀抢掠，无恶不作，山间火光冲天，哭声遍野。当日本鬼子的马队行进到凉亭边时，不知怎的马匹突然止步不前，群马昂首嘶鸣，烦躁不安。鬼子扬鞭催马试图进村，可那马队任凭鬼子扬鞭猛打，就是不越凉亭半步，还差点把鬼子掀下马来。鬼子实在无法，只得派人进村，叫来保长，要保长组织人员放火烧村。保长领命后与众人商量，最后大家抱来柴草堆放在村中的各个空旷地上点燃，顿时，柿林村火光四起，村落上空浓烟翻滚，鬼子见村中一片烟熏火燎，认为村庄已烧，便勒马回头而去，此后，这凉亭就被人们叫作"回马亭"。

（讲述：沈炳荣　整理：李善斌）

2. 歌　谣

山民传统歌谣

四明山区梁弄镇、大岚镇一带长期流传着一些歌谣，在20世纪80年代，"民间文学三套集成"首次在大岚镇蜻蜓岗、石鼓、柿林等村进行搜集，汇编如下。

三样宝
里山头人三样宝，柴子当棉袄，葛藤当缚腰，蜡烛横放倒。

半世在路里
出门三条岭，饭包挂头颈；日日跑余姚，夜夜困半觉；多吃半升米，少盖半夜被；做了一世人，半世在路里。

冲担两头尖
冲担两头尖，拔出现铜钿。一支毛竹一斤米，不卖饿肚皮，卖卖出眼泪。
冲担两头尖，山民泪涟涟。上磨肩胛下磨脚底，无钿买米饿肚皮。
冲担两头尖，山民苦连天，生活无着落，黄连苦连天。

担子上山岗
肩挑担子上山岗，一身臭汗热难挡。三天勿吃干菜汤，脚跟有点酸汪汪。

土匪多如毛
土匪多如毛，人命贱如草。青天白日横祸到，夜里难困安稳觉。

（搜集整理：吴国强　流传地区：浙江东部、上海市，抗战时期由四明山新四军战士在各根据地进行传播和宣传。）

3. 谚　语

耕读传家谚语
慈如家书一生读，孝为良田一世耕。

【释义】贤德修身，孝悌齐家。慈和孝是做人最基本的价值观和美德，是家庭和谐、伴随子女一生成长的必修课。

木勿凿勿通，人勿学勿懂。

【释义】比兴句。木：木料，木材；通：凿通，比喻开窍；学：学习知识；懂：懂业、明理、解惑。意为人想要明理就要学习。

补漏趁天晴，读书趁年轻。

【释义】比兴句。补漏：修补漏的房子；趁年轻：利用年轻的时光。意为年轻时正是学习的好时光。

少年读书，石板刻字；中年读书，粉笔写字；老年读书，河里划水。

【释义】石板刻字：比喻记得牢；粉笔写字：比喻虽然有痕迹但肤浅而不能长久；河里划水：比喻留不下痕迹，"水"音"世"。比喻因记忆力不同，各年龄段的学习效果也不同。意在勉励少年多读书。

受亏三分，心平气和；后退一步，天长日久。

【释义】受亏：吃亏，接受难堪；三分：三成，十分之三。意为能承受吃亏，处事会忍让，这样自己也心气平和、心情开朗，与人相处也会长久。

做了好事千年存，做了坏事万人恨。

【释义】千年存：流芳百世；万人恨：被万众愤恨、责骂。

小洞勿补，大洞吃苦。

【释义】洞：漏洞；吃苦：吃苦头，受到惩罚、报应。比喻小缺点不改正，到酿成大错误时会害苦自己。

早困晏爬起，败光爹娘老家底。

【释义】困：睡觉，睡眠；晏：迟；爬起：起床；爹娘老家底：由爹娘传下来的祖传家产。意为不起早摸黑辛苦劳动的人得不到大收获，只能吃光家产。

不听老人言，吃亏在眼前。

【释义】年长的人比年轻的人经历多，经验和教训就更多。因此年长的人给的建议还是要好好考虑，不然可能下一秒就吃亏。

狗不嫌家贫，儿不嫌母丑。

【释义】狗很忠心，不会嫌弃主人家也就是自己家贫穷，子女不会嫌弃自己的母亲长得丑陋。教育人要忠心，亲情远比相貌、家境重要，血浓于水。

羊有跪乳之恩，鸦有反哺之义。

【释义】山羊吃奶是跪着吃的，它要这样来感谢养育之恩。小乌鸦为了报答父母的养育之恩，当父母年老不能外出觅食时，就将食物嘴对嘴地喂给年老的父母。动物都会感激养育之恩，人类更应该尊敬老人，滴水之恩当涌泉相报。

家贫出孝子，家富养娇儿。

【释义】贫困家庭的子女知道生活艰辛，懂得孝敬父母。家庭环境富裕的人家对子女多娇惯、溺爱。

山高不能压太阳，儿大不能压爹娘

【释义】山高：高山，泛指余姚最高的山峰。山峰再高也高不过太阳，孩子长得再大也大不过爹娘。提醒子女要感恩父母，牢记养育恩情。

年轻勿学好，到老像根草。

【释义】勿：不，没有。年轻时要努力学习进取，否则年老时会一事无成。

吃饭勿嚼勿知味，读书勿想勿知理。

【释义】吃饭要多嚼才知道饭菜的滋味，读书要多思考才能理解其中真谛。

树勿修，果勿结；书不读，人不聪。

【释义】果树不修剪，养分就分散到枝条上去了，第二年果树结果就会少，甚至结不成果；一个人不读书，就视野狭窄、头脑简单、知识浅薄。教育人们要多读书。

劳动钱,万万年;贪污钱,在眼前。
【释义】贪污钱:不义之财。不义之财不可取,诚实劳动的果实才甘甜。

少年勿做家,老来当狗爬。
【释义】做家:又称"做人家",节约;当狗爬:比喻像狗一样在地上爬着行乞。意为人年少时候不懂节约,到老了就会贫穷。

大懒差小懒,小懒差石板。
【释义】差:支使,指派,派遣;差石板:指没人可指派,只能指派给没有生命的石板作为推托之辞,也不愿自己去完成。意为懒惰的人老支使别人干活,结果一事无成。

吃饭像下山走路,做生活声声叫苦。(或:吃饭深山挖雪,做生活老鼠啃铁。)
【释义】下山走路:比喻轻松方便,驾轻就熟;挖:音"划";做生活:干活。比喻某人只贪图享受不肯付出。

扫地只扫地中央,汰面只汰鼻头梁。
【释义】地中央:地面的中间部分,央,音"娘";汰面:洗脸,姚北方言"汰"读"强";鼻头梁:指脑门鼻梁附近这一块。比喻懒人做事随便应付。

绣花枕头烂稻草,聪明面孔笨肚肠。
【释义】绣花枕头:指因漂亮而放在显眼的位置;烂稻草:指枕头的内充物是不好的稻草;聪明面孔:一副看似聪明的容貌;肚肠:比喻心思、脑筋、才智。意为看似聪明实则徒有其表。

笨是介笨,问勿肯问。
【释义】是介:是那样的;问:向人请教,询问。比喻某人愚钝而不谦虚。

跟着好人会学好，跟着老虎会学咬。

【释义】好人：正派人；学好：指学习做正派人。意为近朱者赤，近墨者黑。

学好三年，学坏三天。

【释义】学：学习做人处世的道理和习惯；三年和三天比喻时间长短、起效果的快慢。意为学好很难，变坏却很容易。

好记性不如烂笔头。

【释义】记性：记忆力；烂笔头：用不好的笔写。意为要勤动笔。

借伞勿用谢，只要晾过夜。

【释义】勿用谢：与下句对应，意为还有比谢词更重要的；晾：将伞撑开晾干；过夜：意为晾伞要及时，当夜就晾。意为借用别人的物品要爱护。

啥人背后勿讲人，啥人背后呒人讲。

【释义】啥人：谁人，哪一个；背后：背着人，在被议论的人听不到的地方；讲人：说别人的流言蜚语；呒人讲：没人议论，不被别人议论。意为被背后议论也属正常。

轻担让重担，空手让扁担。

【释义】轻担：挑轻担子的人；重担：挑重担的人；空手：空着手不挑担的人；扁担：指代挑担子的人。挑轻担的遇到挑重担的，应该主动让路；空手的人遇到挑担子的人，应该主动让路。意为人应谦恭礼让。

自己说自己十个好，不如别人说一个好。

【释义】意思对一个人好坏的评价，不是由自己说了算，而是要由别人来说。

不虚心不知事，不诚实不成事。

【释义】没有虚心的态度就达不到洞察事理的目的，没有诚信实在的品行往往干不成事业。意为要想获得知识、干成事业，必须具有虚心的态度、诚信的品行。

一万次空想，抵不上一次实干。
【释义】一万次：指次数多。意为不要光说不练，要实干。

吃水不忘打井人，吃米不忘种田人。
【释义】喝水的时候不要忘记打井的人，吃饭的时候不要忘记种田的人。意为人要饮水思源，知恩图报。

花美美在外边，人美美在心间。
【释义】花朵的美丽表现在外观上，人的美丽却表现在内在的心灵。意为做人在注重外表美的同时，要更加注重心灵美。

刀不磨要生锈，人不学要落后。
【释义】刀子不经常磨砺就会生锈变钝，人不经常学习则会退步落伍。意为人要坚持学习，活到老学到老。

不吃饭则饥，不读书则愚。
【释义】不吃饭人会肚子饿，不读书人会变愚钝。旨在鼓励人们读书。

蜂采百花酿甜蜜，人读群书明真理。
【释义】蜜蜂广采花蜜才能酿出甜美的蜂蜜，人要博览群书才能融会贯通，豁然开朗。

一等二靠三落空，一想二干三成功。
【释义】做事情等机会、靠别人，多半要落空，要设想好了并立即付诸行动才有可能取得成功。旨在教育人们成功要靠自己争取，等机会、靠别人的思想要不得。

人在世上练，刀靠石上磨。

【释义】练：历练、磨炼；石：磨刀石。人的本事是在社会生活、社会实践中历练出来的，刀的锋利是靠在磨刀石上磨砺出来的。意为人要注重实践。

碰着瞎子不谈光，见了癞子不谈疮。

【释义】碰着：碰到；癞子：头上长黄癣的人。意为不要随便取笑别人的缺陷。

山是一步一步登上来的，船是一橹一橹摇出去的。

【释义】橹：船桨。人上山峰是一步一步地爬上去的；船行千里是一橹一橹地摇出来的。意为千里之行始于足下，成功要靠积累和坚持。

多锉出快锯，多做长知识。

【释义】锉：用锉刀刮磨；快锯：锋利的锯子。经常用锉刀刮磨锯齿就能使锯子保持锋利，意为多动手做事情才能增加知识和才干。

帮助别人要忘掉，别人帮己要记牢。

【释义】曾经给过别人的帮助不要刻意去记，但别人对自己的帮助一定要记牢。意为自己做好事不能图回报，但别人给予你的帮助则要牢记，并竭力回报，所谓滴水之恩当涌泉相报。

大意失荆州，骄傲失街亭。

【释义】这两句话是三国里的两个故事，前者讲关羽，后者讲马谡。关羽由于疏忽大意导致荆州失守，自己战死；马谡因为骄傲自大导致街亭失守，诸葛亮北伐大计搁浅。意为骄傲自大、疏忽大意对人的危害是极其大的，尤其是处在顺境的时候。因而要时常提醒自己。

台上三分钟，台下十年功。

【释义】三分钟、十年功都是虚指，前者指时间短，后者指时间长。在台上表演的时间很短，但为此需要付出多年的努力。舞台表演是这样，其他领域也如此。意为一个人要有所作为和成就，需要经过长期的积累和磨炼。

一寸光阴一寸金，寸金难买寸光阴。
【释义】一寸光阴：指日晷晷针的影子在晷盘上移动一寸距离所耗费的时间，大约25分钟。一寸光阴和一寸见方的黄金一样昂贵，而一寸见方的黄金却难以买到一寸光阴。比喻时间非常宝贵，赛过黄金。

好话一句三冬暖，恶语伤人六月寒。
【释义】三冬：一年中最寒冷的日子。一句同情理解的话，能给人很大安慰，即使处于寒冷冬季也能感到温暖；相反，一句不合时宜的，甚至带着恶意的话，会刺伤别人的心灵，即使在炎热的六月，也感到阵阵寒冷。积极善意的言语，能使他人得到战胜困难、不断进取的力量；反之，消极恶劣的言语则会使他人泄气、退缩、萎靡不振。

学文化，从字母开始；讲文明，从小事做起。
【释义】学习要从字母开始学，文明要从做好小事开始。意为做人、做事要从小事做起，打好基础。

有理走遍天下，无理寸步难行。
【释义】理：道理；寸步难行：形容走路困难。做人有道理，则畅通无阻；做人无道理，则寸步难行。无论做什么事情，都要以理服人，用理性解决冲突。

见人不施礼，枉跑四十里；见人施一礼，少走十里地。
【释义】余姚民间传说，明朝倭寇侵犯姚北，三山所一名兵丁向临山卫报信时因不识近路，途中向一老年盐丁问路时态度不尊敬，老年盐丁随便指路，使兵丁多绕弯路，延误正事。旨在劝诫人们平时要重视礼仪，尊重他人。

今日有酒今朝醉，明天倒灶喝凉水。
【释义】倒灶：糟了、坏了。过日子不会打算，得过且过，今日有酒就要把它喝完，喝到醉，那么第二天没酒喝的时候只好喝冷水了。旨在教育人们要注重节约。

4. 俚 语

前三十年父教子,后三十年子敬父。
【释义】教子:教育子女;敬父:尊敬父母。孩子小的时候大人教育他们,等大人老了,就靠孩子了。"父教子"是义务,"子敬父"是责任,教育人们要承担义务和责任。

有理不可灭,无理不可执。
【释义】当与他人发生争论时,即使自己有充分的道理,也要给对方留有余地;而作为理亏一方,应冷静接受对方的说法,改变自己的行为,不能死不认账。

学好千日不够,学坏一日有余。
【释义】"学坏容易学好难",人要学好向善,要多努力,贵在坚持;而学坏则极为容易,稍不留心便会染上恶习。提醒人们须经常反思自己的言行,以免走上歪门邪道。

赚钱要公道,有钱勿霸道。
【释义】公道:公正的道理;霸道:蛮横不讲理。引申为虽然人人都想赚钱,但赚钱必须要取之有道,做到诚信致富、合法致富。有了钱也得讲道理,不能无法无天,不能看不起穷人,更不能为富不仁。

茄子不开黄花,为人不讲虚话。
【释义】虚话:不实之言。比兴手法,因为茄子一般不会开黄花,比喻人不能讲虚话、谎话,要诚实守信。

磨刀勿误砍柴工。
【释义】磨刀是为更快地砍柴;误:耽误;工:工效,工夫。比喻花时间做好准备工作,不会耽误工作的进度。

不怕人家看不起，只怕自家勿争气。

【释义】看不起：小看，得不到承认；自家：自己。意为有志之人不在乎别人对自己一时一事的评价。

有心大海捞针，呒心小事难成。

【释义】有心：有心人，有某种志向、肯动脑筋的人；大海捞针：从大海里捞针，比喻做成极不易做到的事；呒心：无心，没有志向、不动脑筋的人。意为有心人再难的事也能成功，无心的人再小的事都做不成。

宁受挤，勿受气。

【释义】宁：宁愿，宁可；受挤：承受拥挤，也指合理的竞争；受气：受委屈，受歧视而心里不舒服。意为物质条件可以差些，但心情要愉快。

鞭竹实心根根硬，毛竹虽高节节空。

【释义】鞭竹：山区毛竹的竹根（俗称鞭子），生在地下，不易见；实心：鞭竹形如竹但实心；根根硬：指每一根都坚硬；毛竹：一种大竹，因其笋壳有毛而得名；空：空心，比喻没有内在素质。前半句比喻实在人，后半句比喻虚荣、华而不实的人。意为做人要实在，不可以虚荣。

捏捏怕捏煞，放放怕放煞。

【释义】捏煞：捏死；放煞：放走。比喻做事瞻前顾后，犹豫不决。

呒事勿可胆大，有事勿可胆小。

【释义】呒：没有；事：事端变故；胆大：大意，无所谓，没有防范之心；胆小：吓破胆，惊惶失措。意为平时要谨慎，遇事则不可慌乱。

万贯家财勿算富，一分仁义值千金。

【释义】贯：旧时制钱以千钱为一串，称一贯；一分：一点；仁义：仁爱正义。指关心、帮助别人，为人主持正义，才是真正的富有。

勿是侬格财，勿落侬格袋。

【释义】侬格：你的；财：钱财，财物；袋：口袋，私囊。意为不该自己得到的钱财不可贪图。

知过改过勿为过，重搭戏台重敲锣。

【释义】过：过失，过错；重：重新；戏台：民间社戏舞台。以重新演戏比喻重新做正确的事。鼓励人们积极改正错误。

忍一步少闯祸，让三分平安过。

【释义】忍：忍让，忍性；闯祸：惹出祸殃；让：谦让，忍让；平安过：过得平安。旨在劝诫人们遇事多忍让。

鲁班师傅造凉亭，小讨饭来批评。

【释义】鲁班师傅：春秋时期鲁国的著名工匠，引申为能工巧匠；小讨饭：乞丐。民间传说故事中，乞丐指出鲁班造的凉亭少了一颗挂讨饭篮的钉子（因乞丐多在凉亭里过夜）。比喻再高明的人做的事也会有不足之处。

勤是财外财，用掉还会来。

【释义】勤：勤劳；财外财：意为看不见、摸不到的财富。意为勤劳是不竭的财源。

会赚勿如会积。

【释义】赚：赚钱；积：积蓄。会赚钱的人如果挥霍无度，他的钱也比不上不太会赚钱，但善于积累的人。意为财富的积蓄比赢利本身还重要和有效。

头夜忖忖千条路，天亮还是摸老路。

【释义】头夜：前一天晚上；忖：想；千条路：比喻有许多新的方案；摸老路：照旧做。意为思前想后还是采用老办法，比喻只敢想而不敢做。

百样事情百样巧，独怕巧门你不要。

【释义】百样：各种各样；巧：窍门，奥秘所在；不要：不愿探求。意为事事有办法，只要用心去探求。

有理无理，全在众人口里。
【释义】有理无理：有没有道理；众人：群众。意为是否真有理，群众自有公论。

做做做勿煞，气气要气煞。
【释义】做做：做事，干活；做勿煞：做不死，不会累死；气气：生气，受气；气煞：气死，气愤至极。意为身体辛苦不要紧，心理打击才是致命的。

勿当家勿知米贵，勿养儿勿知父母恩。
【释义】当家：主持家政，持家；米：泛指柴米油盐之类的小开销。事非经过不知难，亲历方觉其中情。

眼过千遍，勿如手过一遍。
【释义】眼过：见到过；手过：动手做过。比喻见得多不如亲身去体验。

是非只为多开口，烦恼皆因强出头。
【释义】是非：对错，引申为纠纷、惹是生非；开口：指说话；出头：领头干预；强出头：好强而多管闲事。意为祸从口出。

为人勿做亏心事，半夜敲门心勿惊。
【释义】为人：为人处世；亏心事：有亏道德、有亏他人的事情；半夜敲门：暗喻鬼神造访。同"不做亏心事，不怕鬼敲门。"

千株桐树百株棕，一生一世吃勿穷。
【释义】千株、百株：喻数量多；棕：棕树，能制作棕榈制品。桐树和棕树都能获得经济收入。意为若种植果木，就会有经济收入。

夜里困得定定当,清早起来呆门坊。

【释义】呆:发愣。晚上已经考虑成熟的事情,早上起来又犹豫了。形容没有决心,反复无常。

外头充哥佬,屋里烧缸灶。

【释义】外头:外边;充:充当;缸灶:旧时农村灶台十分简单,架一口缸,缸上放一口锅。形容在外面摆阔气,其实家里穷得揭不开锅,死要面子活受罪。

大钱赚勿来,小钿眼勿开。

【释义】没本事挣大钱,挣小钱又觉得不过瘾。比喻做事情不切实际。

树木乌堆堆,百鸟飞拢来。

【释义】乌堆堆:葱绿茂盛。比喻自然环境优美,树木繁茂的地方,会吸引各种鸟类。

越吃越馋,越嬉越懒。

【释义】嬉:游戏,玩耍。一味沉浸在吃喝玩乐之中,好逸恶劳,只追求享受会变成懒汉。

千日行善犹不足,一日作恶已有余。

【释义】做好事千日也不嫌多,而为非作恶即使只做了一天也已经太多。劝诫人们要多做好事、善事,不要做坏事、恶事。

修桥铺路造凉亭,积德行善是好人。

【释义】修桥、铺路、造凉亭,这些都是积善修德的行为,做这些善事的人是好人。劝诫人们多做好事,造福乡里。

凡事隔行勿隔理。

【释义】凡事:所有事情;隔:阻隔,没有联系;隔行:不同行业;勿隔理:意为道理相通。世事纷繁,但基本思路和方法相通,有共同的规律可循。

有毒咯东西勿吃，违法咯事勿做。

【释义】有毒的食物不要吃，违法乱纪的事情不能做。劝诫人们为人处世都要遵守规则，特别是国家的法律法规。

脚脚走在路当中，记记敲在鼓中央。

【释义】走路每步都要走在路中央，打鼓每记都要敲在鼓中心。比喻做事稳当牢靠，让人放心。

儿行千里娘担忧，母行百里儿不愁。

【释义】子女出远门在外，做母亲的心里总是牵挂，生怕孩子在外面会过得不好。母亲出趟远门，子女们却不会担忧。可怜天下父母心，提醒我们要多关心父母。

妻贤夫祸少，子孝父心宽。

【释义】心宽：心情舒畅，不焦虑。妻子贤惠，带给她丈夫的灾祸就会少；子女孝顺，做父母的就心情舒畅。意为为人妻要贤惠，为人子女要孝顺。

三岁拷娘娘发笑，廿岁拷娘娘上吊。

【释义】孩子三岁时候打娘，娘会觉得孩子有趣，会开心发笑；二十岁时候孩子再打娘，娘只会伤心，甚至想寻死上吊。意为从小默许、纵容孩子，导致习惯成自然，长大后孩子就会不懂规矩，为所欲为。

和气生财，作孽多灾。

【释义】作孽：佛教用语，做坏事的意思。待人和气便能升官发财，常做坏事必将多灾多难。意在劝人们为善，少作恶。

夫勤呒荒地，妇勤呒破衣。

【释义】夫：丈夫；呒荒地：土地不荒芜，意为有收获；妇：妻子；呒破衣：没有破旧的衣服。意为夫妻勤劳，丰衣足食。

人情好，水也甜；情不好，糖变盐。
【释义】两个人关系好，喝白开水也甜蜜；关系不好，再甜的糖也不甜了。

骂人不揭短，打人不打脸。
【释义】揭短：揭露人家的短处。揭短和打脸是最让人没面子的事情。劝诫和别人起争执时，不能做得太绝，要顾及对方的面子。

人美不在貌，美在心意好。
【释义】人美不美，不是由外貌决定的，人本质的美在于心灵。劝诫人们在追求外表美的同时，还应注重对内在美的塑造。

让礼一寸，得礼一尺。
【释义】你敬人家一尺，他人往往会回敬你一丈。在人际交往中，要互相礼让。你对别人笑，别人才会以更多更甜的笑容回报你。

5. 民间生活老话

好衬好底做好鞋，好爹好娘教好子。
【释义】衬：在布里面再衬托一层或搭配上别的东西；底：最下面的部分。基础好才能做出结实耐穿的鞋子。品德好的父母才能教出品行好的孩子。

刻薄不赚钱，忠厚不蚀本。
【释义】蚀：损伤，亏缺。做生意太精明，反而会赚不到钱，宽宏大量些，便能和气生财。引申为人与人相处时，应正直、诚信、宽容，这样做眼前利益有可能受损，但从长远、全局的角度看，肯定不会吃亏。

煮饭要有米，说话要在理。
【释义】比兴手法，以煮饭必须有米的事实，形象、朴实地说明讲话要有道理。

千里烧香，不如在家孝敬爹娘。

【释义】千里：指路途遥远。到远处烧香拜佛，以求积善修德，不如在家赡养好双亲。

秀才不怕衣衫破，只怕肚里呒没货。
【释义】秀才：读书人；不怕：不在乎；衣衫破：比喻贫穷；呒没：没有；肚里呒没货：指没有真知识、真本领。劝诫人们要多学习，具备真本领。

人穷志气高，勿好也会好。
【释义】勿好也会好：意为即使命运不好，结果也会好起来。鼓励人们树立远大的志向。

蜒蚰蛳螺爬余姚，只要日脚多。
【释义】蜒蚰：一种爬行很慢的节肢动物；爬余姚：意为从乡下进城，路途遥远；日脚：日子，指爬行的时间。比喻只要肯下功夫，什么事都做得成。

人靠良心树靠根，走路纯靠脚后跟。
【释义】靠：凭借，依靠；纯靠：完全依靠。意为立身须有良知。

天地良心，到处通行。
【释义】天地良心：良心天地可鉴。劝诫人们行事处世要有良心。

脚踏路中央，不怕论短长。
【释义】路中央：道路的正中，比喻行得正；论短长：别人的议论。意为只要为人正直、行为端正，就不怕别人非议。

积德百年，丧德一日。
【释义】积德：积累德行名声；百年：比喻需很长时间；丧德：丧失德行；一日：比喻瞬息之际。好德行、好名声是长期行仁义积累起来的，不谨慎保持则会毁于一旦。

出钱有功德，勿用拜菩萨。

【释义】出钱：资助公益；功德：本义为佛教所指的行善、诵经、超度亡灵。引申为功劳和恩德。意为出资做公益就是功德，不用拜佛去求取没有实际意义的功德声名。

冬勿节省春要愁，夏勿勤力秋无收。

【释义】勤力：勤快；收：收获，收成。意为冬天是只有消耗没有收获的季节，因此要节约以度过春季，夏天要努力耕耘才有秋收。做任何事情都要有计划。

山怕无树地怕荒，人怕懒惰花怕霜。

【释义】意为懒惰的人无药可救、一事无成。

多嚼出滋味，细忖出主意。

【释义】比兴句。细忖：精细地思考；主意：想法，计谋，方案。意为好方案来自仔细的思考。

劝架勿能劝一面，听话勿能听一边。

【释义】劝：劝说；劝架：调解纠纷，平息事端；一面：争吵的一方；听话：了解情况；听一边：单听争议一方的解释。意为遇事情要全面分析，不可偏听偏信。

带鱼吃肚皮，说话讲道理。

【释义】吃：好吃；肚皮：指带鱼肚子部位的肉。讲话必须要先讲道理，就像吃带鱼要先吃好吃的肚皮部位一样。

好话勿在多讲，有理勿在声高。

【释义】好话：有利于他人的话；多讲：讲得多和反复讲；声高：大声说话。有理的话不在于声音大和说的次数多。

牛吭力打横耙，人吭理讲横话。

【释义】比兴句。呒力：乏力，力气不够大；打横耙：将耙犁横着拉，拉动时较轻但不能耙田；横话：固执地表达和坚持没有道理的意见。形容无理蛮横乱说。

一时强势在于力，千秋胜负在于理。
【释义】强势：占威势，势力强盛；力：体力；千秋：千年，引申为长时间；理：道理，真理。意为有理的事经得起时间的考验。

有心勿用灶头立，呒心等到脚骨直。
【释义】有心：有心人，心中早有某种想法愿望；灶头立：意为站在锅台边上等着好吃的，比喻守株待兔似的等待机遇；呒心：无心，心中没有某种打算；脚骨直：意为死亡，因为村民认为人死后脚骨是直的。比喻有心人随时能抓住机遇。

背栋像咯赤水桥。
【释义】背栋：肩胛；赤水桥：柿林村村口的一座小型石拱桥，很陡。形容以前人们背毛竹、砍柴下山时肩胛用力猛，像小小的赤水桥。意为正在使劲努力。

河水鬼骗上大岚山顶。
【释义】河水鬼：民间传说江河里的水鬼。形容听信别人谎言，等醒悟为时已晚。

行得春风有夏雨，好心必定有好报。
【释义】行：施行。"行得春风，指望夏雨"，这是指先有春天再到夏季。要先好心帮助别人，然后才有别人的回报。

一脚不来，一脚勿去（开）。
【释义】指两人一起配合用力时，一个人的脚不上来，另一个人的脚就上不去。比喻要配合得十分密切。

居于此者，为子孙长计乎？遂口占一绝曰："洞天福地甚奇哉，不染人间半点埃，相土择宜居此乐，岭头唯有白云来。"即同祖妣龚氏、子学成公筑室于兹而居焉。其所从来□由是矣。迄今十四世，为子孙者不敢忽其所自，述其巅末由载于谱首，以志不忘云尔。清乾隆四十八年癸卯腊月上浣之吉后裔立通志同熏沐谨识。

柿林村沈氏历代排行次序

林敬梁傅高	（第1—5世）
兴盛茂达	（第6—9世）
荣华富贵（×仕明文）	（第10—13世）
金玉满堂（立昌成景）	（第14—17世）
仁民先孝悌（绍述宗功远）	（第18—22世）
报国在英贤（承传祖德长）	（第23—27世）
礼乐家声振（行端惟信义）	（第28—32世）
诗书世泽绵（望重是忠良）	（第33—37世）

注：根据族规，历代排行由族长、各房头及村里德高望重者共同商定，等排行快完时，再商定往下延续。

从第18世开始，括号里的排行是后改的，柿林村现行排行是按照修改后的。村里健在的最高辈分是"绍"字辈（第18世），最低辈分是"祖"字辈（第25世）。

2. 沈氏祖训

一、孝训 父母生我恩，昊天真罔极。大舜事亲时，夔夔尚斋栗。下气并柔声，和颜更悦色。生养既殚精，丧祭尤竭力。孝恩感洞天，历历闻古昔。

二、悌训 父事与兄事，恭逊实居先。徐行须后长，议论莫争前。敬长人还重，轻狂祸亦延。易明谦受益，诗诫暴亡年。卑牧居心者，绵绵福自然。

三、忠训 自事宜尽己，人谋更用心。不留半点伪，时献一番诚。责己还须重，绳人便欲轻。语言知隐讳，财帛要分明。俯仰能无愧，义皇以上人。

土地贵在耕种,知识贵在运用。

【释义】以耕地类比学习,意为学习知识更要注重运用。

积钱积谷不如积德,买田买地不如买书。

【释义】积:积累;积德:积累德行。积累钱财和谷物不如积累德行,花钱买田地不如多买几本书。意为田粮积累得再多,还是需要修养自己、提高品德。

君子得志报恩,小人得志报仇。

【释义】君子得到重用,便会发展自己的志向,施展自己的抱负,为国为民效力,施行仁政。小人有了靠山,得到重用,便会耀武扬威,横行霸道。

(七)宗姓家谱

1. 四明柿林(峙岭)村《峙岭沈氏宗谱》

现存《峙岭沈氏宗谱》全七册,为民国二十年(1931)11月续修谱,藏于柿林村。

峙岭沈氏从姚江江口下坝迁移至峙岭村,家族历经650多年,后衍为元、亨、利、贞四派。堂号"忠清堂"。家谱脉络清楚,保留完整。

《峙岭沈氏宗谱》摘录

《始祖林十五公传》:公行林十五,字太隆,隐居高逸士也。仙游自适,不喜繁华,有避尘绝俗之致焉。自亨一,太祖迁居本邑江口之下坝一十有九,世族大事,繁不胜扰攘,无以稍安。闻四明山清水秀,有洞天福地之称,因而游览胜迹,寻访名区,观白水、登石窗。沿路而行,无有倦息。至如邻邑之雪窦、杖锡,罔不到焉。总之,情之所钟,不辞足力,山迥路转,忘其远近。踪迹至此,即所谓峙岭也。旁有撒药岩,上有神仙石,山号九龙,溪名双鹿,若将军,若爵禄,若三台,若玉屏等,种种名胜固不一而足也。岂非天造地设,因人成事人们不要做坏事。

仁为百善本，贪是万恶源。
【释义】仁：仁义，人与人友爱、互助。仁义是所有善意的根本，贪婪是所有罪恶的源泉。

年纪活到八十八，不可笑人家跷脚眼瞎。
【释义】跷脚眼瞎：有生理缺陷的人。人即便活到八十八岁，也不要随便拿人家的缺陷取笑。

左邻右舍是杆秤，隔河两岸是面镜。
【释义】比喻做人做事，街坊众人口里自有公论。

不饮过量酒，不贪意外财。
【释义】过量：超过承受量。告诫人们勿贪多酗酒，也不要贪图意外之财。

弟兄不和邻里欺，将相不和邻国欺。
【释义】邻里：周围的人，邻居或同乡；将：将帅；相：宰相。意为团体内部要团结，堡垒最容易从内部被攻破。

宁可给讲理咯行相骂，勿可给歪理咯讲空话。
【释义】行相骂：吵架。意为要跟讲道理的人说活，胡搅蛮缠的人无人搭理。

你敬人一尺，人敬您一丈。
【释义】敬：尊重，有礼貌地对待。意为尊重别人，别人就会加倍地尊重你。

喝喝咸菜汤，搽搽珍珠霜。
【释义】咸菜汤：最简单最省钱的小菜；搽：涂抹；珍珠霜：曾是20世纪70年代末风靡一时的女性护肤品。形容明明很穷却死要面子。

灯勿点勿亮，理勿辩勿明。

【释义】比兴句。点：点灯；辩：辩论，论理；明：明了，明确。意为真理越辩越明。

有理勿怕太叔婆。

【释义】太叔婆：爷爷的婶婶，泛指有权威的长辈。意为再有权威的人也得讲道理。

"红毛瓶"里盛烧酒。

【释义】红毛瓶：新中国成立前，百姓称外国人为"红毛人"。"红毛瓶"是指外国人带入中国来的一种酱红色的瓶。把自己酿的白酒装入酱红色的"红毛瓶"，白酒似乎染上了酱红色，其实白酒仍是白色的。比喻外因不会使内在产生质的变化。同时也可比喻人不必屈服于外界的压力。

吃亏就是占便宜。

【释义】今日吃了亏，但对今后可能有好处。

读书人讲礼仪，种田人讲俗礼。

【释义】意为所有人都要遵守最起码的道德规范。

一礼还一礼，麻糍还糯米。

【释义】麻糍：白色的糯米糍，柿林村民间的一种糕点。意为礼尚往来。

一个鸡蛋吃勿饱，一个丑名背到老。

【释义】前半句"一个鸡蛋吃不饱"起搭配作用。后半句是说一个人犯了错误，即使已经纠正了，一辈子都要背负舆论的压力。意为做坏事付出的代价很大。告诫人们不要干坏事，要注重自己的声誉，珍惜个人的信用。

好事不出门，坏事传千里。

【释义】做好事的时候别人很难看到，一旦做坏事就会被人到处传播。劝诫

四、信训 言不由衷出,终为虚诞辞。夸张真个易,践约几何时。一语经人破,千言不足齿。自矜能舌辩,人笑太无知。闭口深藏舌,时吟白圭诗。

五、礼训 三千三百数,古圣范围人。世俗皆趋下,全无礼貌存。癫狂称洒脱,丽鲁号天真。婚祭随身服,岁时懒冠巾。科头箕踞样,相见实酸心。

六、义训 凡属一本亲,皆有关切意。钱物相往来,见利休忘义。疾病急扶持,老幼须提携。最怜四无告,尤宜善调剂。莫嫌积德小,竹桥也渡蚁。

七、廉训 生财纵有道,樽节在乎人。过俭虽非礼,奢华易受贫。冠婚称家道,丧祭只虔诚。量入将为出,谩藏恐被侵。从来浪费者,不久自凋零。

八、耻训 立身须惜耻,无耻被人欺。识面称知己,逢人说是非。胁肩真诡诈,话笑假痴迷。宗祖受貤赠,妻儿被讪讥。须眉应有志,颜厚最卑微。

宁波传统村落田野调查·柿林村

六 诗文选录

自晋朝到现代,不少文人墨客寻幽探访山水、绝壁、奇石,丹山的好山好水引得古今无数名人雅士到此游玩,纷纷留下歌颂的诗句。

1. 丹山赤水三章

丹山图咏

晋·木华

其山东面如惊浪,七十高峰列烟嶂。
一条流水入句章,二仙圣德彰兹养。

留题丹山

宋·唐震

四明光照九霄寒,阆苑神仙日往还。
瀑布远从银汉落,洞门长锁白云闲。
深崖瑞木金文润,绝顶灵槎铁色斑。
无限遗踪人莫识,落花香泛水潺潺。

游四明洞天歌

明·韩应龙

纵不能遍五岳游,南山近我南陌头。
觌面失之可长笑,吹笙采芝何如俦。
凉风稷稷自天鸣,与客纳履缘溪行。
丹崖赤水未百里,别有天地神气清。
泉涛叠翠层峦底,远岚挂碧松萝里。
鹤携夜月石梁归,猿听晓钟山寺起。
老僧赠我千叶桃,樵者扶我古树桥。
鸟啼竹阴自酬答,屏开峭石何岧峣?

隔篱醉饮茅檐酒，五月五歌九月九。
且行且憩且啸呼，野鹿幽兰真良友，
一声未断一声来，解衣拥卧仙人台。
青青山色长如此，楚馆秦楼安在哉？

2. 其他诗咏

同诸隐者夜登四明山

宋·施肩吾

半夜寻幽上四明，手攀松桂触云行。
相呼已到无人境，何处玉箫吹一声。

四明观白水二首（其一）

明·王守仁

邑南富岩壑，白水龙奇观。
兴来每思往，十年就兹观。
停驺指绝壁，涉涧缘危蟠。
百源旱方歇，云际犹飞湍。
霏霏洒林薄，漠漠凝风寒。
前闻若未惬，仰视终莫攀。
石明暑气薄，流触溯回澜。
兹游讵盘乐，养静意所关。
逝者谅如斯，哀此岁月残。
择幽虽得所，避时时犹难。
刘樊古方外，感慨有余叹。

狮王悟道

明·佚名

三清道宫丹山上，踞地狮王吼十方。
一声号角一声悟，只因禅者已悟道。

丹　山

清·高彝

丹山赤水神仙宅，布袜青鞋作胜游。
百尺飞泉银汉雪，一声唳鹤洞天秋。

鹰岩洞天

民国·蔡竹屏

仙鹰听道柿林中，一夕轻霜洞天风。
四明岩花修仙洞，寒鹰飞过万灯红。

淡瀑飞水

民国·无名氏

瀑布云天上，飞水落仙涧。
道宫清香绕，峡谷摇丹山。

八卦仙台

当代·杨鹏飞

八卦台道丹山醉，白云片片涌金台。
天上仙韶动地来，三支清香燃霞海。

秋水长滩

当代·杨鹏飞

道仙人家傍水居，野滩白日落徐徐。
一竿秋色垂溪上，只钓芦花不钓鱼。

山门迎客

当代·佚名

溪水沐丹悬倒影，柿林一井饮千丁。
年年十月秋风起，漫野枝头挂赤铃。

宁波传统村落田野调查·柿林村

七 红色柿林

（一）红色堡垒村

1938年夏，由我党掌握和领导的余姚县战时政治工作队第四区队，在楼明山同志的率领下，进驻柿林村。在开展抗日救国运动的同时，发展党组织。是年冬，先后建立了峙岭（那时柿林村还叫峙岭村）、大陈、大俞村的党小组。1939年春，楼明山同志调往逍林区后，由朱孚若（朱之光）同志接替并负责第四区队工作，是年夏，开始培养大岚山区特派员。

1942年夏，成立了区委组织，由分管山区工作的县副特派员和中共南山联络员领导。后因负责人参军，区委活动暂停。1943年8月，重建区委组织。在四明山区建有34个支部，有党员182名。先后由姚亨尧、滕增传、舒文、谷光任负责人和区委书记。1944年5月至8月，根据形势发展的需要，改为特派员制，由黄连任区特派员；9月，又改为委员会制，黄连任区委书记。同时，所辖白鹿、晓云、南岚、杖锡四个乡相继建立了乡中心支部，直到1945年9月底。

新四军浙东纵队奉命北撤后，为了隐蔽斗争的需要，又由委员会制改为特派员制，先后由黄连、褚克才任区特派员。1947年4月，山心县工委成立，其管辖之大岚区、虞南区，由县工委委员黄连兼任区特派员，奉西区由县工委委员王圣章兼任区特派员。1948年4月，山心县工委改建为嵊新奉县工委，其所辖之大岚区由县工委副书记黄连兼任区委书记，虞鸣非（洪非女）任区委副书记；里东区由县工委委员方初兼任区委书记；奉西区由褚克才任区委书记（至年底，奉西区改为奉西乡，隶属大岚区管辖）；虞南区由王惠成、褚克才任区委书记。同时，大岚区所辖南岚、白鹿、杖锡、晓云四个乡建立了乡级党支部，直至新中国成立。

1. 革命前辈和英烈

1945年10月，浙东新四军北撤时，柿林村有23名进步青年随军北撤，其中8名同志成为革命烈士，15名同志在新中国成立后继续参加各条战线的工作。

英烈名录

沈世安　沈国仁　沈功炳（本）　沈登科
沈宗川　沈生原（元）　沈水友　沈志能

革命前辈名录

沈宗觉　沈旺兴　沈小毛　沈庆堂　沈长位　沈企洪　沈功益　沈宗正
沈秋贵　沈张友　沈功求　沈功甲　沈先宏　沈纪品　沈炳千（金姑）

2. 柿林村党支部历年书记名录

沈功钿　　1938年—1939年
沈德顺　　1939年—1949年
沈正水　　1949年—1951年
沈功能　　1951年—1958年
沈水田　　1958年—1979年
沈布仁　　1979年—1981年
沈惠康　　1982年—1983年
沈孟康　　1983年—1984年
沈永楼　　1984年—1989年
沈孟康　　1989年—1991年
沈永楼　　1991年—1997年
沈国强　　1998年—2000年
沈炳荣　　2000年—现今

（二）红色纪事

1. 柿林茶农运动

1939年5月，杨思一同志来到大岚山，在柿林村与当地党员取得联系，又与山上的朱之光同志商议，共同策划提出了"压低粮价，提高茶价"的口号。参加请愿运动的以茶农为主，也有小学教员、保甲长、小茶商等人士，以南岚乡为主，并有左溪、晓云、白鹿等乡的请愿队伍集中至左溪乡的菱湖村，下午三点才到达离城五里许的它山庙。国民党县政府下令警察局和县自卫队出动警力50余人，荷枪实弹，沿路拦阻请愿团队伍，在最良石桥上用木门板将他们拦住。沿路茶民高喊"宁愿被你们打死，也不愿在家饿死"，坚持斗争。

县长林泽与郭静唐先生商议用和平谈判方式解决问题，我方由王援军、郑孝灿、姚亨尧、何德如、褚萃文等20余人参加谈判。经双方磋商，规定一斤茶换三斤米，责令茶商收购，县政府拨救济粮三万斤，并在梁弄区设立购粮站；山货、土特产的税收酌情减免；秤一律改作市秤；请愿团返乡时每人发五只大饼充饥。谈判结果由民政科科长钱祖授代表县政府当场宣布。一场轰轰烈烈的茶农运动宣告结束。

2. 万人大会

1945年8月，日本帝国主义宣布无条件投降，群众情绪高昂，在南岚乡大路坪头举行万人大会。广大农民协会会员、自卫队队员肩背锄头、铁耙，手举长矛、大刀，雄赳赳气昂昂地来参加大会，高呼"打倒日本帝国主义！""抗日战争胜利万岁！"柿林村等周边村庄数百个青年自卫队队员还背着土枪，跑到余姚沿江地区准备配合三五支队接收余姚县城。

3. 敌后武工队

1945年9月底至10月初，新四军浙东游击纵队的党政干部共1.5万人分批北撤至苏北。国民党调集重兵云集四明山地区，进行多次"清剿""清乡"。坚持在四明山地区斗争的党员干部依靠革命群众，以四明山为中心，分散隐蔽，建立特派员制度，形成"堡垒村""红色堡垒户"，成立"三五支队""小钢铁部队"，展开地下革命，保存革命力量，坚持在白区斗争。柿林村30多名青年参加武工队，成为民兵，配合武工队缴获四明山上的肖文德部队、伪余姚县政府的全部枪支弹药。至1949年5月，村民兵中不少人参加四明山游击队，配合肃清残存在四明山上的国民党残余匪帮,歼灭大岚山上以刘子良为首的地痞流氓等余孽。

4. 日军侵略大岚山区罪行记录

1941年农历五月初五,从宁波方向窜来200多名日军,向四明山大岚山区进行"大扫荡"。日军到大岚后,烧毁了分水岭村一座庙宇,又抓去18个国民党伤员,当场在庙后山地把他们活活捅死。

1941年11月12日,天刚微明,从余姚方向上来700多名日军进山围剿,他们不断用机枪扫射,空中还有两架飞机盘旋,狂轰滥炸。柿林村沈明相、沈明桂当场被机枪射死。日军烧毁柿林村民房十余间和崇明小学学校一所,强奸妇女一名,还抢去不少财物和牲畜。

1943年4月4日,从上虞方向上来700多个日军。当时,柿林等村的民众得到地方党员的安排,转移到高山密林,但是日军仍旧劫掠了柿林村周边的9个村庄,掠夺财物,烧毁民房,罪行累累。

1943年12月8日,从余姚羊额岭上来日军500多人,对大岚进行"烧光、杀光、抢光"大扫荡,烧毁夏家岭、丁家畈、蜻蜓岗、黄家庄四个村的房屋1370余间,全村牲畜被杀光、吃光,有40位妇女被强奸,连五六十岁的老妇也难幸免。

日军的四次扫荡,使山民无家可归,无衣无食,生活极度困难,有许多人饿死。

（三）红色战史

1. 峙岭（柿林）伏击战

1943年12月1日,为粉碎国民党"挺三""挺四""挺五"三路对四明山区的合击,新四军浙东游击队于当日拂晓,在柿林村伏击"挺四"田岫山部。

经激烈战斗,田顽向梁弄方向溃逃。这场战役中,我军击毙、击伤田部支队长、大队长以下100余人,俘虏20余人,缴获长短枪20余支。浙东游击纵队司令部作战参谋余旭在战斗中光荣牺牲。

2. 蜻蜓岗大俞战斗

1943年11月中旬,国民党"挺三""挺四""挺五"部向四明山区步步推进。18日,国民党田部的田胡子集结"挺四"部,从正面向我新四军五支队扼守的蜻蜓岗阵地发起进攻,"挺五"从侧面进行配合,蜻蜓岗战斗打响。我五支队顽强拼搏,但由于敌军人数众多,对我新四军五支队实行包围战略,我军遭受夹击,为保存力量,只得撤出战斗。当晚,我三支队向大俞出击,击溃国民党"挺三"第二支队的一个大队,击毙国民党军大队长以下10人,俘虏国民党军20余人,国民党贺铖芳部只得向东南退往唐田村、北溪村一带。此役,我新四军打赢了浙东第二次反顽自卫战争第一仗,老红军、三支队第一大队队长蓝碧轩同志在战斗中不幸牺牲。

3. 大岚民兵剿匪记

为彻底消灭国民党残余匪帮,1949年8月15日,梁弄区区委委员俞存朝召开紧急会议,命鲁世昌带民兵三人到宁波军分区请求武力增援。之后大岚山500多个民兵以俞存朝为剿匪总指挥,杨明为副总指挥,在他们的带领下向匪窝点嵊、奉、余边境的东坑、东家岩、梨洲进攻。宁波军分区与绍兴军分区派兵接应,经过13个日夜的包围搜捕,最终把匪首刘子良、钱金法、沈明凤、王良贵、王云能俘虏。从此,盘踞在四明山的国民党残余匪徒宣告彻底消灭。四明山人民遭受战争灾难的痛苦生涯永远过去了。

（四）红色歌谣

请茶歌

哎！革命的同志哥哟，请你喝杯四明茶哟，哎哟！请你哟喝杯哟四明茶！
四明山上的茶叶细又香，当年茶农撒下种哟，游击队员帮浇秧。
茶树种在高山上哟，风里生来雨里长。
喝杯革命的故乡茶，革命传统永不忘，革命传统永不忘。
哎！革命的同志哥哟，请你喝杯四明茶哟，哎哟！请你哟喝杯哟四明茶！
四明山上的流水清又凉，当年山民开山渠哟，游击队员砌堤硬。
清水流在山岗上哟，军民团结情意长。
喝杯四明清凉水，革命意志永坚强，革命意志永坚强。

何日回四明

含着眼泪送亲人，北撤部队要动身。
捞一把清茶送包饼，解饥解渴表示心。
拉牢背包握紧手，问同志何日回四明。
四年茶水四年饭，四年并肩抗敌军。
四明山上起风云，叮嘱老乡自当心。
山回路转会有日，大地重光定会临。

高山上走着呱呱叫的军队

日日夜夜地战斗不息，四明山啊你雄伟而美丽。
我们不肯给敌人抢去，我们的队伍一天一天强大。
我们的歌声越唱越响亮，千万人民和着我们歌唱，歌声飘扬在四明山上。

顽伪煎迫苦万分

春来杜鹃满山中，顽伪勾结敌浙东。

宁波传统村落田野调查·柿林村

八 乡贤名士

四明山风景多明媚，如今烽火照眼红。
多少民房化灰烬，千里大山断鸡声。
户户箱笼抢干净，大街小巷无人行。
耕牛山羊被宰光，老小妇女遭奸淫。
天黑不敢点亮篾，夜半怕闻狗吠声。
劝君莫说黄连苦，顽伪煎迫苦万分。

只为革命做"神仙"

深山密林小"公馆"，金毯铺顶，银条围四边。
不动椅子自动桌，囫囵眠床沙发垫。
长年不断自来水，煮饭做菜不冒烟。
不是无聊享清福，只为革命做"神仙"。

三五支队爱人民

四明山是好地方，深山深岙有村庄。
竹林松林到处有，水稻杂粮满山岗，茶叶特产销外省。
来了反动国民党，敲诈人民心真狠。
早捉壮丁晚拉夫，百姓逃难在四方，年年生产无保障。
共产党是救星，三五支队爱人民。
杀掉农村大恶霸，二五减租来实行，农业生产直上升。
那年浙保上山顶，百姓马上去报讯。
听到来了反动军，连夜攻打不留情，百姓生活才安宁。
记得四三年十月间，八十八团上山顶。
又放火来又杀人，抢劫财物真真恨，农民受苦海样深。
哪知这次上山顶，三五支队又来临。
打得无路奔，杀伤匪军千余人，百姓财物没受损。

始祖沈太隆:（1350—1434），沈氏第45世祖，元末由云楼乡下坝迁居柿林，为柿林沈氏始祖。以耕读传家，很少参与政坛。

沈成森：柿林沈氏第16世孙，热心教育事业，发起建造丁家畈岳庙，协助修建太祖庙。一生行医治病救人。

沈作云：柿林沈氏第17世孙，发起建造文昌阁，设立书房，延师课读，培养子弟。

沈绍闻：柿林沈氏第18世孙。四明山多山贼、土匪，他组织周边乡村农民，建立义勇护村队伍，因屡破山贼，保境护民，恩赐军功六品。

沈绍周：柿林沈氏第18世孙，以孝闻名于乡。村遭兵灾后，房屋尽毁，他毁家纾难，组织族人，主持劫后重建。又出资建丁家畈岳庙、太祖庙和祖堂，修缮赤水桥。

沈述绪：字梦熊，柿林沈氏第19世孙，清代国学生，恭俭克己，出任乡议员。在村里创办育林小学，推进乡村教育。

沈水亭：带领族人耕读崇学，与堂弟沈述和一起，在村里创办循序小学，惠及子弟。

沈先宏：1943年加入浙东新四军三五支队，1945年随部队北撤，参加解放战争和抗美援朝战争。1955年授大尉军衔，任中国人民解放军第二十军后勤部部长。

沈功甲：1942年加入浙东新四军三五支队，1945年新四军浙东游击纵队北撤后留守在四明山。新中国成立后任某部队团政委，后调至浙江江山水泥厂任党委书记，"文革"后任浙江省某建筑公司的党委书记。

沈远波：新中国成立后柿林村的第一位大学生，毕业于北京大学，曾任《青海日报》记者、余姚日报社副总编、市文化局副局长。现已退休。

沈远平：南京军校毕业，曾在中国人民解放军某部队工作，现任宁波市发改委副主任。

柿林村古代乡贤名录表

学历	辈分	名字	备注
国学生	贵	文显	—
	贵	文瑞	—
	贵	文豪	字景修
	玉	昌期	学名泰清
	玉	昌盛	—
	玉	昌宁	钦赐八品顶戴
	玉	昌祥	—
	玉	昌皋	字鹤鸣
	玉	昌蕃	—
	满	成德	—
	满	成邦	—
	满	成秀	—
	堂	廷珍	字景炎,学名作云
	堂	廷琛	—
	堂	景羲	—
	堂	廷桂	—
	绍	绍弼	学名际康
	绍	绍德	—
	述	述铭	字增荣
	述	述联	—
	述	述先	—
	述	述香	—
	述	述和	—
	述	述尧	—
	宗	宗岱	—
登仕佐郎	堂	廷榛	—
	绍	绍川	—
	绍	绍开	—
	述	述鉴	—
	述	述昌	—

续表

学历	辈分	名字	备注
邑庠生	绍	绍约	光绪丙戌年（1886）科试，入余姚县学第四名
	绍	绍裘	道光廿七年（1847），入余姚县学第六名
	述	述旦	光绪己丑年（1889），入余姚县学第十一名
	述	述藻	光绪己丑年（1889）科试，入余姚县学第十五名
	宗	宗周	光绪乙巳年（1905）科试，入余姚县学
	宗	宗国	光绪乙巳年（1905）科试，入余姚县学
钦授乡耆乡饮大宾	华	仕恒	—
	金	立志	—
	昌	成辅	—
	满	成信	—
	满	成祥	—
	堂	廷梅	—
	华	仕绩	字元公
	堂	廷梧	—
庠贡生	堂	廷森	学名作球，于道光十二年（1832），入余姚县学第五名
	述	述诗	光绪丙戌年（1886），余姚县学第三十名
例贡生	述	述绪	—
邑武生	贵	立邦	—
邑佾生	述	述英	—
—	满	成陶	钦授巡政厅，享年90岁

柿林村清至民国政府任职人员名录表

姓名	辈分	任职	时代
沈成陶	满	钦授巡政厅	清
沈绍增	绍	邵中丞保奏升授五品同知衔	清
沈述耿	述	神州大学修业，政府工作人员	民国
沈宗彝	宗	浙江法政学校毕业，大律师	民国
沈宗藩	宗	复旦大学商学士	民国

柿林村新中国成立后大学本科及以上学历人员名录表

姓名	性别	毕业学校	出生年月
沈企华	男	杭州大学	1950年5月
沈海皎	男	浙江医科大学，北京大学研究生	1964年1月
沈满华	女	上海第二军医大学	1965年3月
沈永良	男	杭州大学	1965年4月
沈丹丹	女	宁波大学	1965年5月
沈佳强	男	浙江大学	1965年8月
沈柿益	男	浙江工业大学	1966年7月
沈承斌	男	徐州地质学院	1967年2月
沈远江	男	浙江大学	1968年10月
沈剑波	男	上海复旦大学	1969年10月
沈海波	男	厦门大学	1970年4月
沈远平	男	南京军校，北京航空航天大学研究生	1970年5月
沈永浩	男	南京大学	1972年8月
沈亚飞	女	厦门大学	1973年10月
沈波	男	株洲工业大学	1979年9月
沈承勇	男	本科毕业于南开大学，后在中科院上海生化细胞所读博士，又赴美国的乔治亚医学院攻读博士后	1979年11月
沈仲理	男	浙江大学	1982年7月
沈鸣楚	男	国防科技大学	1982年9月

续 表

姓名	性别	毕业学校	出生年月
沈仕杰	男	宁波大学	1983年2月
沈文刚	男	杭州电子科技大学	1983年9月
沈功泽	男	宁波万里学院	1984年5月
沈晶晶	女	宁波大学	1984年6月
沈莲莲	女	杭州师范大学	1984年9月
沈 洪	男	浙江大学研究生毕业	1984年12月
沈艳艳	女	杭州师范大学	1985年9月
李淘泳	男	绍兴文理学院	1987年9月
沈 龙	男	台州学院	1988年3月
沈玲玲	女	南京理工大学紫金学院	1988年9月
沈佩佩	女	浙江中医药大学	1990年11月

图片档案

A
B
C
D
E
F
G

—— 村落面貌

—— 历史见证

—— 物质文化遗产

—— 民俗生活

—— 生产方式

—— 人　物

—— 其　他

续表

分类	分类号	图片编号	说明	备注
A 村落面貌	A-6 特色景观	A-6-11	冬日雪装下的沈氏宗祠古戏台	—
		A-6-12	梦溪草堂远景	—
		A-6-13	梦溪草堂近景	—
		A-6-14	雨后丹山	—
		A-6-15	炼丹洞	—
		A-6-16	炼丹洞洞口的古井	—
		A-6-17	聚仙亭	—
		A-6-18	四明道观	—
		A-6-19	天机坪	—
B 历史见证	B-1 村落历史见证	B-1-1	位于广场上古村现存最老的柿子树，有600余年树龄，被誉为"柿树王"	—
		B-1-2	村后山坡上500余年树龄的金钱松	—
		B-1-3	望溪路北端300余年树龄的榧树树冠	—
		B-1-4	望溪路北端300余年树龄的榧树树干	—
		B-1-5	村后古树林中300余年树龄的榧树	—
		B-1-6	望溪路北端约150年树龄的柿树	—
		B-1-7	村南口约120年树龄的柿树	—
		B-1-8	十月，柿子挂满枝头	—
		B-1-9	望溪路至赤水桥山道边的古银杏树	—
		B-1-10	山坡上的秋银杏	—
		B-1-11	村后公路边建于清道光年间的节孝碑	—
		B-1-12	节孝碑细节图	—
		B-1-13	记述丹山赤水的御碑	—
		B-1-14	御碑亭记	—
	B-2 家族历史见证	B-2-1	柿林村家园馆	—
		B-2-2	民国二十年（1931）续修的《峙岭沈氏宗谱》七卷	—

续 表

分类	分类号	图片编号	说明	备注
A 村落面貌	A-4 主要街巷	A-4-14	村边山道	—
		A-4-15	村前往山谷溪的步道	—
		A-4-16	村后的上山古道	—
		A-4-17	丹山四明道观山道	—
		A-4-18	村东往山谷的九曲步道	—
		A-4-19	从古村去往海曙的古道	—
	A-5 重要 公共空间	A-5-1	柿林村最大的广场，有"柿树王"立于其中	—
		A-5-2	古村礼堂	—
		A-5-3	古村文化礼堂	—
		A-5-4	沈氏宗祠旁的休闲广场	—
		A-5-5	开阔的村集市广场	—
		A-5-6	村老年活动中心	—
		A-5-7	古村健身活动区	—
		A-5-8	村口停车场	—
		A-5-9	村口广场公共厕所	—
	A-6 特色景观	A-6-1	丹山之春	—
		A-6-2	丹山残雪	—
		A-6-3	古桥秋山	—
		A-6-4	古桥冬迹	—
		A-6-5	古村初雪	—
		A-6-6	十月柿红	—
		A-6-7	幽潭	—
		A-6-8	洞天胜境	—
		A-6-9	冷龙潭春色	—
		A-6-10	叠箱岩	—

续表

分类	分类号	图片编号	说明	备注
A 村落面貌	A-2 村落与自然关系	A-2-9	村东望溪路上的水池	—
		A-2-10	村边竹林	—
		A-2-11	村下赤水溪峡谷	—
		A-2-12	赤水桥下冷龙潭	—
		A-2-13	赤水溪峡谷	—
	A-3 村落不同角度的景象	A-3-1	从村后狮子岩望古村	—
		A-3-2	从村后古树林望古村	—
		A-3-3	古村局部，远处为北面的小岩岭头	—
		A-3-4	从南面沈氏宗祠望古村	—
		A-3-5	从东南望古村山居	—
		A-3-6	从西北望古村山居	—
		A-3-7	秋日的古村山居	—
		A-3-8	柿子成熟时节的古村局部，背后是村北的狮子岩山	—
		A-3-9	雨后从村后狮子岩望古村	—
	A-4 主要街巷	A-4-1	沿村而下的蜻白公路	—
		A-4-2	从狮子岩进村的古道	—
		A-4-3	古井路全长约180米，由鹅卵石铺成	—
		A-4-4	古井路	—
		A-4-5	古井路往南	—
		A-4-6	古井路往北	—
		A-4-7	沈氏路全长约250米，由鹅卵石铺成	—
		A-4-8	沈氏路口	—
		A-4-9	水坑弄	—
		A-4-10	翁源路往东	—
		A-4-11	翁源路往西	—
		A-4-12	望溪路	—
		A-4-13	前往赤水桥的古道	—

中国传统村落立档调查（图片）归档表

村落名称：柿林村

所属省市乡（镇）：浙江省余姚市大岚镇

拍摄者：王松国

拍摄时间：2017 年 7 月

分类	分类号	图片编号	说明	备注
A 村落面貌	A-1 村落全貌	A-1-1	春日的柿林村	—
		A-1-2	冬日的柿林村	—
		A-1-3	丹山崖壁石刻	—
		A-1-4	村口"丹山赤水"牌坊	—
		A-1-5	村名指示牌	—
		A-1-6	村口	—
		A-1-7	赤水溪	—
		A-1-8	古村全貌	—
	A-2 村落与 自然关系	A-2-1	村北小岩岭头山与四明山脉连接	—
		A-2-2	位于村北的小岩岭头山	—
		A-2-3	秋雾中的小岩岭头	—
		A-2-4	柿映丹山	—
		A-2-5	村东的冬瓜垄山	—
		A-2-6	村旁山地	—
		A-2-7	秋水滩	—
		A-2-8	村居，远处为冬瓜垄山	—

续 表

分类	分类号	图片编号	说明	备注
B 历史见证	B-2 家族历史见证	B-2-3	民国二十年（1931）续修《峙岭沈氏宗谱》七卷本世系图复印件	—
		B-2-4	台湾族人借阅、复印留存的宗谱手稿	—
	B-3 其他有年款的遗存	B-3-1	家庭中堂八仙桌和木长凳	—
		B-3-2	八仙桌抽屉铜环	—
		B-3-3	仙鹤陶瓷茶壶	—
C 物质文化遗产	C-1 公共遗产	C-1-1	坐落于村东南侧的沈氏宗祠，建于清道光四年（1824）	—
		C-1-2	沈氏宗祠正门	—
		C-1-3	沈氏宗祠内景	—
		C-1-4	沈氏宗祠内"簪缨继世"匾额	—
		C-1-5	沈氏宗祠内"科第传家"匾额	—
		C-1-6	沈氏宗祠内古戏台	—
		C-1-7	沈氏宗祠旁的莲峰庵	—
		C-1-8	莲峰庵正门	—
		C-1-9	赤水桥	—
		C-1-10	村中古井路上的同心井，井水清澈，冬暖夏凉	—
		C-1-11	同心井	—
		C-1-12	村北侧的蓄水池，供村民洗涤	—
		C-1-13	从撒药岭顶往下看赤水桥	—
		C-1-14	回马亭外观	—
		C-1-15	回马亭内景	—
	C-2 民居建筑	C-2-1	望溪路沈氏老宅门头	—
		C-2-2	望溪路沈氏老宅1	—
		C-2-3	望溪路沈氏老宅2	—
		C-2-4	望溪路沈氏老宅照墙	—
		C-2-5	望溪路沈氏老宅牛腿雕饰	—
		C-2-6	建于清代，位于古井弄和沈氏路之间的沈氏墙门	—

续 表

分类	分类号	图片编号	说明	备注
C 物质文化遗产	C-2 民居建筑	C-2-7	沈氏墙门上的门罩绘字"凤游鱼跃"	—
		C-2-8	清代新丘里沈氏民居院落	—
		C-2-9	清代新丘里沈氏民居七间楼	—
		C-2-10	七间楼一瞥	—
		C-2-11	清晚期沈氏民居正门	—
		C-2-12	沈氏民居,现辟为中共余姚四明山第一支部纪念室	—
		C-2-13	沈氏民居门廊	—
		C-2-14	沈氏民居外墙砖窗	—
		C-2-15	沈氏民居天井	—
		C-2-16	沈氏民居外墙	—
		C-2-17	沈氏民居门头"耕读传家"字样	—
		C-2-18	古井路69号民居门头	—
		C-2-19	古井路69号民居门窗	—
		C-2-20	古井路69号民居牛腿雕饰	—
		C-2-21	古井路69号民居正门	—
		C-2-22	古井路民居	—
		C-2-23	古井路民居石墙	—
		C-2-24	望溪路北端石屋外墙	—
		C-2-25	望溪路北端石屋	—
		C-2-26	白墙黑瓦	—
		C-2-27	马头墙	—
		C-2-28	墙弄	—
		C-2-29	石弄	—
		C-2-30	民居石墙	—
D 民俗生活	D-1 日常生活场景	D-1-1	在望溪路池塘边晒太阳的老人	—
		D-1-2	村民在老屋前聊天	—
		D-1-3	古井路生活即景	—

续表

分类	分类号	图片编号	说明	备注
D 民俗生活	D-1 日常生活场景	D-1-4	砍竹的老人和种葱的老人	—
		D-1-5	看电视的村民	—
		D-1-6	沈氏宗祠旁洗衣的老人	—
		D-1-7	爱画画的村民家里挂满自己的画	—
		D-1-8	老人在村口广场的柿子树下看书	—
		D-1-9	望溪路老宅里玩耍的小朋友	—
		D-1-10	源翁路上村民在算账	—
		D-1-11	老人给花锄草	—
		D-1-12	村民的墙画	—
		D-1-13	造房	—
		D-1-14	修屋	—
		D-1-15	晒被	—
		D-1-16	洗柿子	—
		D-1-17	休憩	—
		D-1-18	洗马兰头	—
	D-2 礼俗生活场景	D-2-1	古井路民居对联、福字1	—
		D-2-2	古井路民居对联、福字2	—
		D-2-3	古井路民居对联、福字3	—
		D-2-4	民居挂灯笼	—
		D-2-5	端午插艾蒿	—
		D-2-6	古村广场农产品交易集市	—
		D-2-7	古村后公路旁农产品交易集市1	—
		D-2-8	古村后公路旁农产品交易集市2	—
		D-2-9	古村柿子节	—
		D-2-10	古村柿子节舞狮	—
	D-3 家居信仰	D-3-1	供灶神1	—
		D-3-2	供灶神2	—
		D-3-3	民居门口挂八卦平安镜	—

续表

分类	分类号	图片编号	说明	备注
D 民俗生活	D-3 家居信仰	D-3-4	民居门口财神画帖	—
		D-3-5	村民自画平安宅符1	—
		D-3-6	村民自画平安宅符2	—
		D-3-7	村民自画八仙过海图	—
		D-3-8	村民自撰自律联	—
		D-3-9	莲峰庵所供包公像	—
		D-3-10	莲峰庵所供玉皇大帝像	—
		D-3-11	莲峰庵所供财神像	—
		D-3-12	莲峰庵所供观音像	—
		D-3-13	村民所挂毛泽东、周恩来像	—
E 生产方式	E-1 日常生产场景	E-1-1	村民在柿树上摘柿子	—
		E-1-2	行走在望溪路上的摘柿子村民	—
		E-1-3	一位村民挑选摘来的柿子	—
		E-1-4	设摊卖柿子的老人	—
		E-1-5	村民利用窗台售卖农产品	—
		E-1-6	卖土特产的老人	—
		E-1-7	村民家里堆放的柿子	—
		E-1-8	柿林特产"吊红"柿子	—
		E-1-9	茶叶、鸡蛋和笋干	—
		E-1-10	自产老南瓜	—
		E-1-11	自产毛豆	—
		E-1-12	自产板栗	—
		E-1-13	自产番薯粉丝	—
		E-1-14	自产番薯枣子	—
		E-1-15	晒银杏果	—
		E-1-16	自产银杏果	—
		E-1-17	村民摘完板栗挑回家	—

续 表

分类	分类号	图片编号	说明	备注
E 生产方式	E-1 日常生产场景	E-1-18	村口村民种菜	—
		E-1-19	村民村北山坡锄草	—
		E-1-20	晒玉米	—
		E-1-21	洗芥菜做干菜	—
		E-1-22	洗芥菜	—
		E-1-23	削竹条	—
		E-1-24	加固簸箕	—
		E-1-25	农家乐饭店	—
		E-1-26	柿子酒加工厂	—
	E-2 生产工具	E-2-1	上树梯	—
		E-2-2	摘柿工具1	—
		E-2-3	摘柿工具2	—
		E-2-4	刀篓	—
		E-2-5	扁担和挑篮	—
		E-2-6	秤	—
		E-2-7	手拉车	—
		E-2-8	翻斗小车	—
		E-2-9	石磨1	—
		E-2-10	石磨2	—
		E-2-11	高背竹椅	—
		E-2-12	提篮	—
		E-2-13	挑篮	—
		E-2-14	深匾	—
		E-2-15	淘箩	—
		E-2-16	晒花匾	—
		E-2-17	石捣臼	—
		E-2-18	石饲槽	—

续表

分类	分类号	图片编号	说明	备注
F 人物	F-1 村民肖像	F-1-1	村民肖像1	—
		F-1-2	村民肖像2	—
		F-1-3	村民肖像3	—
		F-1-4	村民肖像4	—
		F-1-5	村民肖像5	—
G 其他	G-1 其他	G-1-1	古村游1	—
		G-1-2	古村游2	—
		G-1-3	丹山赤水景区大门	—
		G-1-4	广场上的土特产专卖店	—

A 村落面貌

A-1 村落全貌

A-1-1 春日的柿林村

A-1-2 冬日的柿林村

A-1-3 丹山崖壁石刻

A-1-4 村口"丹山赤水"牌坊

A-1-5 村名指示牌

A 村落面貌　155

A-1-6 村口

A-1-7 赤水溪

A-1-8 古村全貌

A-2　村落与自然关系

A-2-1　村北小岩岭头山与四明山脉连接

A-2-2　位于村北的小岩岭头山

A-2-3 秋雾中的小岩岭头

A-2-4 柿映丹山

A-2-5 村东的冬瓜垄山

A-2-6 村旁山地

A-2-7 秋水滩

A-2-8 村居，远处为冬瓜垄山

A-2-9 村东望溪路上的水池

A-2-10 村边竹林

A-2-11 村下赤水溪峡谷

A-2-12 赤水桥下冷龙潭

A-2-13 赤水溪峡谷

A-3　村落不同角度的景象

A-3-1　从村后狮子岩望古村

A-3-2 从村后古树林望古村

A-3-3 古村局部,远处为北面的小岩岭头

A-3-4 从南面沈氏宗祠望古村

A-3-5 从东南望古村山居

A 村落面貌　167

A-3-6 从西北望古村山居

A-3-7 秋日的古村山居

A-3-8 柿子成熟时节的古村局部，背后是村北的狮子岩山

A-3-9 雨后从村后狮子岩望古村

A-4 主要街巷

A-4-1 沿村而下的蜻白公路

A-4-2 从狮子岩进村的古道

A-4-3 古井路全长约 180 米，由鹅卵石铺成

A-4-4 古井路

A-4-5 古井路往南

A-4-6 古井路往北

A-4-7 沈氏路全长约250米，由鹅卵石铺成

A-4-8 沈氏路口

A-4-9 水坑弄

A-4-10 翁源路往东

A-4-11 翁源路往西

A 村落面貌

A-4-12 望溪路

A-4-13 前往赤水桥的古道

A-4-14 村边山道

A-4-15 村前往山谷溪的步道

A-4-16 村后的上山古道

A-4-17 丹山四明道观山道

A-4-18 村东往山谷的九曲步道

A-4-19 从古村去往海曙的古道

A-5　重要公共空间

A-5-1 柿林村最大的广场，有"柿树王"立于其中

A-5-2 古村礼堂

A-5-3 古村文化礼堂

A-5-4 沈氏宗祠旁的休闲广场

A-5-5 开阔的村集市广场

A-5-6 村老年活动中心

A-5-7 古村健身活动区

A-5-8 村口停车场

A-5-9 村口广场公共厕所

A-6　特色景观

A-6-1　丹山之春

A-6-2 丹山残雪

A-6-3 古桥秋山

A-6-4 古桥冬迹

A 村落面貌　185

A-6-5 古村初雪

A-6-6 十月柿红

A-6-7 幽潭

A-6-8 洞天胜境

A-6-9 冷龙潭春色

A-6-10 叠箱岩

A-6-11 冬日雪装下的沈氏宗祠古戏台

A 村落面貌

A-6-12 梦溪草堂远景

A-6-13 梦溪草堂近景

A-6-14 雨后丹山

A-6-15 炼丹洞

A-6-16 炼丹洞洞口的古井

A-6-17 聚仙亭

A-6-18 四明道观

A-6-19 天机坪

B 历史见证

B-1 村落历史见证

B-1-1 位于广场上古村现存最老的柿子树，有600余年树龄，被誉为"柿树王"

B-1-2 村后山坡上500余年树龄的金钱松

B-1-3 望溪路北端300余年树龄的榧树树冠

B-1-4 望溪路北端300余年树龄的榧树树干

B-1-5 村后古树林中300余年树龄的榧树

B-1-6 望溪路北端约150年树龄的柿树

B-1-7 村南口约120年树龄的柿树

B-1-8 十月,柿子挂满枝头

B-1-9 望溪路至赤水桥山道边的古银杏树

B-1-10 山坡上的秋银杏

B-1-11 村后公路边建于清道光年间的节孝碑

B-1-12 节孝碑细节图

B-1-13 记述丹山赤水的御碑

B-1-14 御碑亭记

B-2　家族历史见证

B-2-1　柿林村家园馆

B-2-2　民国二十年（1931）续修的《峙岭沈氏宗谱》七卷

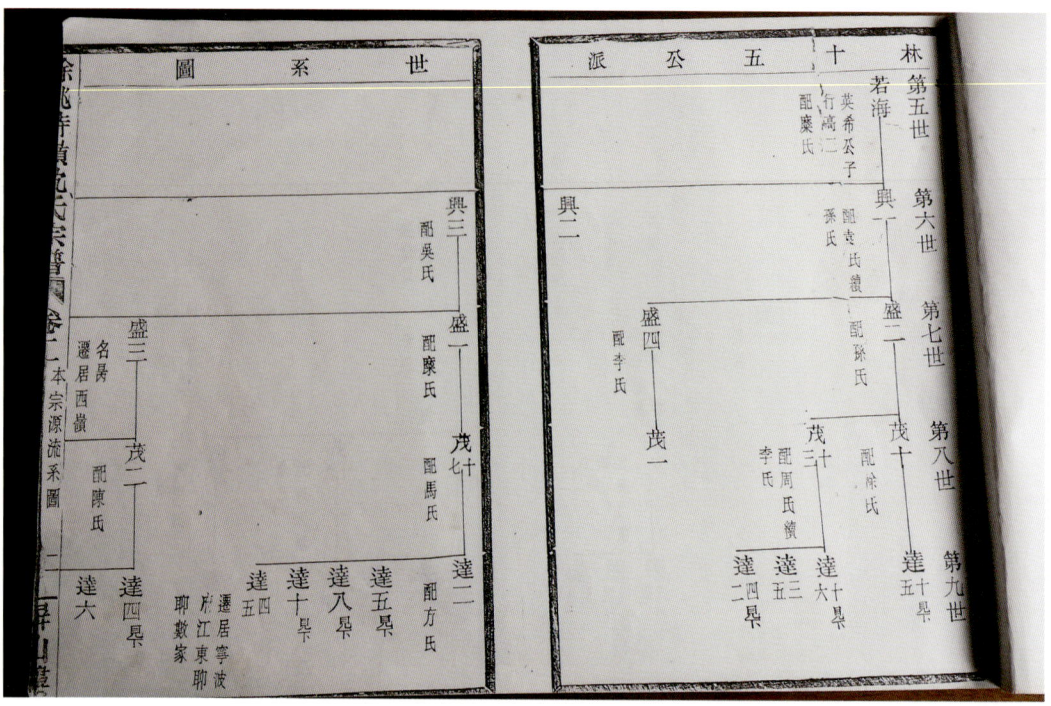

B-2-3 民国二十年（1931）续修《峙岭沈氏宗谱》七卷本世系图复印件

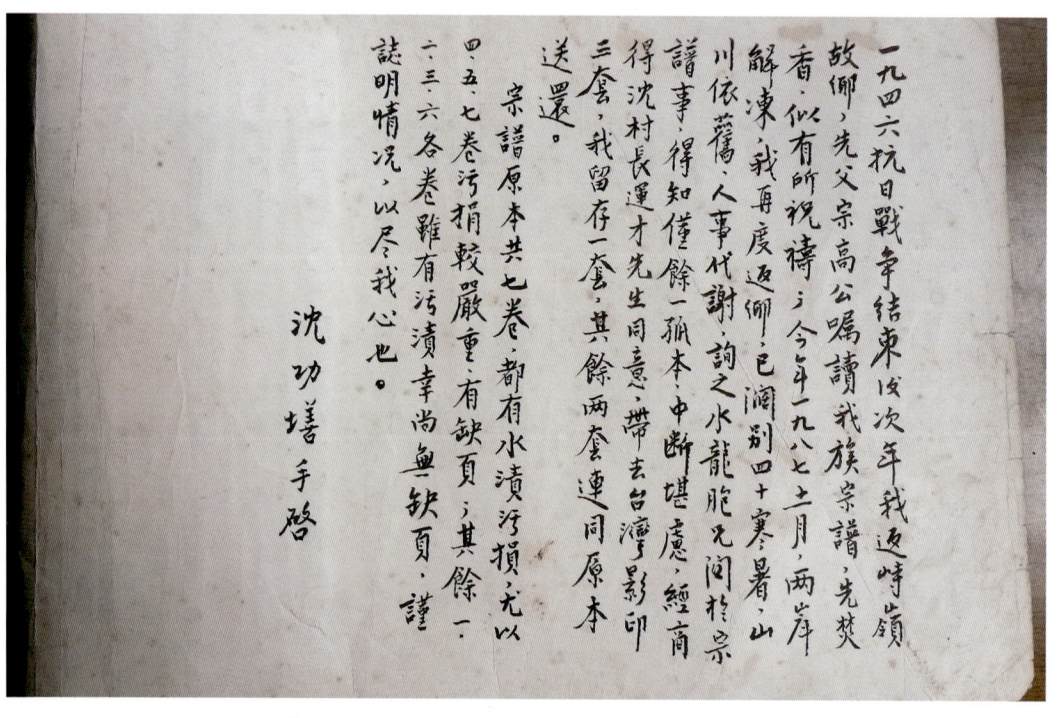

B-2-4 台湾族人借阅、复印留存的宗谱手稿

B-3　其他有年款的遗存

B-3-1　家庭中堂八仙桌和木长凳

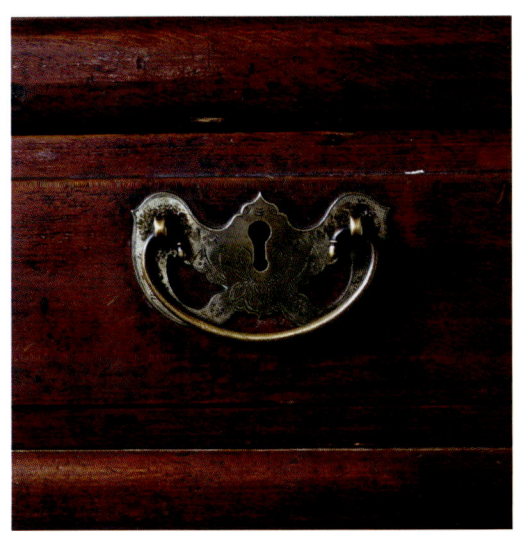

B-3-2　八仙桌抽屉铜环

B-3-3　仙鹤陶瓷茶壶

C 物质文化遗产

C-1 公共遗产

C-1-1 坐落于村东南侧的沈氏宗祠,建于清道光四年(1824)

C-1-2 沈氏宗祠正门

C-1-3 沈氏宗祠内景

C-1-4 沈氏宗祠内"簪缨继世"匾额

C-1-5 沈氏宗祠内"科第传家"匾额

C-1-6 沈氏宗祠内古戏台

C-1-7 沈氏宗祠旁的莲峰庵

C-1-8 莲峰庵正门

C-1-9 赤水桥

C-1-10 村中古井路上的同心井，井水清澈，冬暖夏凉

C-1-11 同心井

C-1-12 村北侧的蓄水池，供村民洗涤

C-1-13 从撒药岭顶往下看赤水桥

C-1-14 回马亭外观

C-1-15 回马亭内景

C-2　民居建筑

C-2-1 望溪路沈氏老宅门头

C-2-2 望溪路沈氏老宅 1

C-2-3 望溪路沈氏老宅 2

C-2-4 望溪路沈氏老宅照墙

C-2-5 望溪路沈氏老宅牛腿雕饰

C-2-6 建于清代，位于古井弄和沈氏路之间的沈氏墙门

C-2-7 沈氏墙门上的门罩绘字"凤游鱼跃"

C-2-8 清代新丘里沈氏民居院落

C-2-9 清代新丘里沈氏民居七间楼

C-2-10 七间楼一瞥

物质文化遗产 215

C-2-11 清晚期沈氏民居正门

C-2-12 沈氏民居,现辟为中共余姚四明山第一支部纪念室

C-2-13 沈氏民居门廊

C-2-14 沈氏民居外墙砖窗

C-2-15 沈氏民居天井

C-2-16 沈氏民居外墙

C-2-17 沈氏民居门头"耕读传家"字样

C-2-18 古井路69号民居门头

C-2-19 古井路69号民居门窗

C-2-20 古井路69号民居牛腿雕饰

C-2-21 古井路69号民居正门

C-2-22 古井路民居

C-2-23 古井路民居石墙

C-2-24 望溪路北端石屋外墙

C-2-25 望溪路北端石屋

C 物质文化遗产　223

C-2-26　白墙黑瓦

C-2-27 马头墙

C-2-28 墙弄

C-2-29 石弄

C-2-30 民居石墙

D 民俗生活

D-1 日常生活场景

D-1-1 在望溪路池塘边晒太阳的老人

D-1-2 村民在老屋前聊天

D-1-3 古井路生活即景

D-1-4 砍竹的老人和种葱的老人

D-1-5 看电视的村民

D-1-6 沈氏宗祠旁洗衣的老人

D-1-7 爱画画的村民家里挂满自己的画

D-1-8 老人在村口广场的柿子树下看书

D-1-9 望溪路老宅里玩耍的小朋友

D-1-10 源翁路上村民在算账

D-1-11 老人给花锄草

D-1-12 村民的墙画

D-1-13 造房

D-1-14 修屋

D-1-15 晒被

D-1-16 洗柿子

D-1-17 休憩

D-1-18 洗马兰头

D-2　礼俗生活场景

D-2-1　古井路民居对联、福字 1

D-2-2　古井路民居对联、福字 2

D-2-3 古井路民居对联、福字 3

D-2-4 民居挂灯笼

D-2-5 端午插艾蒿

D-2-6 古村广场农产品交易集市

D-2-7 古村后公路旁农产品交易集市1

D 民俗生活

D-2-8 古村后公路旁农产品交易集市 2

D-2-9 古村柿子节

D-2-10 古村柿子节舞狮

D-3　家居信仰

D-3-1 供灶神 1

D-3-2 供灶神 2

D-3-3 民居门口挂八卦平安镜

D-3-4 民居门口财神画帖

D-3-5 村民自画平安宅符1

D-3-6 村民自画平安宅符 2

D-3-7 村民自画八仙过海图

D-3-8 村民自撰自律联

D-3-9 莲峰庵所供包公像

D-3-10 莲峰庵所供玉皇大帝像

D-3-11 莲峰庵所供财神像

D-3-12 莲峰庵所供观音像

D-3-13 村民所挂毛泽东、周恩来像

E 生产方式

E-1 日常生产场景

E-1-1 村民在柿树上摘柿子

E-1-2 行走在望溪路上的摘柿子村民

E-1-3 一位村民挑选摘来的柿子

E-1-4 设摊卖柿子的老人

E-1-5 村民利用窗台售卖农产品

E-1-6 卖土特产的老人

E-1-7 村民家里堆放的柿子

E-1-8 柿林特产"吊红"柿子

E-1-9 茶叶、鸡蛋和笋干

E 生产方式　247

E-1-10　自产老南瓜

E-1-11　自产毛豆

E-1-12　自产板栗

E-1-13 自产番薯粉丝

E-1-14 自产番薯枣子

E 生产方式　249

E-1-15　晒银杏果

E-1-16　自产银杏果

E-1-17 村民摘完板栗挑回家

E-1-18 村口村民种菜

E-1-19 村民村北山坡锄草

E-1-20 晒玉米

E-1-21 洗芥菜做干菜

E-1-22 洗芥菜

E-1-23 削竹条

E-1-24 加固簸箕

E-1-25 农家乐饭店

E-1-26 柿子酒加工厂

E-2　生产工具

E-2-1　上树梯

E-2-2 摘柿工具1

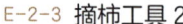

E-2-3 摘柿工具2

E-2-4 刀篓

E-2-5 扁担和挑篮

E-2-6 秤

E-2-7 手拉车

E-2-8 翻斗小车

E-2-9 石磨1

E-2-10 石磨2

E 生产方式

E-2-11 高背竹椅

E-2-12 提篮

E-2-13 挑篮

E-2-14 深匾

E-2-15 淘箩

E-2-16 晒花匾

E-2-17 石捣臼

E-2-18 石饲槽

F 人 物

F-1 村民肖像

F-1-1 村民肖像 1

F-1-2 村民肖像 2

F-1-3 村民肖像 3

F-1-4 村民肖像 4

F-1-5 村民肖像 5

G 其他

G-1 其他

G-1-1 古村游 1

G-1-2 古村游 2

G-1-3 丹山赤水景区大门

G-1-4 广场上的土特产专卖店

附录

国家级传统村落柿林村立档调查人员名录

指　　导	鲁永平（女，51岁，余姚市文化馆研究员）
负 责 人	杨鹏飞（55岁，本科学历，中共余姚市委宣传部成员、余姚市民间文艺家协会会员）
	李善斌（33岁，本科学历，柿林村村干部）
	杨　烟（30岁，本科学历，余姚市政府招商中心干部）
	阮坚守（33岁，本科学历，余姚市阳明街道办事处秘书）
	闫秦越（25岁，本科学历，陕西日报社记者）
	章立权（40岁，本科学历，余姚市阳明街道党工委宣传干事）
采访调查人	李善斌（33岁，本科学历，柿林村村干部）
	沈升驰（28岁，本科学历，大岚镇政府干部）
	杨鹏飞
受访讲述人	沈炳荣（50岁，高中学历，柿林村党支部书记）
	沈远千（48岁，高中学历，柿林村村委会主任）
	沈功利（45岁，高中学历，柿林村村民）
	沈爱国（55岁，高中学历，柿林村村民）
	鲁小娥（女，50岁，高中学历，柿林村村民）
	沈海江（45岁，高中学历，柿林村小岩岭头自然村花木种植户）
	沈远波（72岁，本科学历，柿林村村民，原余姚日报社副总编，已退休）
摄　　影	王松国（余姚市摄影家协会秘书长）
编　　校	杨鹏飞
采录时间	2015年3月至2017年12月